PROFESORADO, DOCENCIA E INVESTIGACIÓN.

JESUS BERNARDO MIRANDA ESQUER

Coordinadores:
Jesús Bernardo Miranda Esquer
Abel Leyva Castellanos
José Francisco Miranda Esquer

PROFESORADO, DOCENCIA E INVESTIGACIÓN.

Coordinadores:
JESÚS BERNARDO MIRANDA ESQUER
ABEL LEYVA CASTELLANOS
JOSÉ FRANCISCO MIRANDA ESQUER

Autores:
Jesús Bernardo Miranda Esquer, Abel Leyva Castellanos,
José Francisco Miranda Esquer, Loreto Cecilio García Rembao,
Miriam Elisama Gil Argüelles, Jesús Eduardo León Tarín, Joel Meléndrez
Arenas, Alberto Galván Corral, Carlos Jesús Hinojosa Rodríguez,
Celia Yaneth Quiroz Campas y Arturo De La Mora Yocupicio

INSTITUTO INTERNACIONAL PARA EL PENSAMIENTO COMPLEJO
RED DE INVESTIGACION EDUCATIVA DEL NORTE DE MEXICO
RED DE INVESTIGACIÓN EDUCATIVA EN SONORA
SECRETARIA DE EDUCACION Y CULTURA
UNIVERSIDAD DEL VALLE DE MEXICO
UNIVERSIDAD ESTATAL DE SONORA
COLEGIO DE ESTUDIOS CIENTIFICOS Y TECNOLOGICOS DEL ESTADO DE SONORA
INSTITUTO TECNOLOGICO DEL ISTMO

Para realizar pedidos de este libro, contacte con:
Palibrio
1663 Liberty Drive
Suite 200
Bloomington, IN 47403
Gratis desde EE. UU. al 877.407.5847
Gratis desde México al 01.800.288.2243
Gratis desde España al 900.866.949
Desde otro país al +1.812.671.9757
Fax: 01.812.355.1576
ventas@palibrio.com
456475

ÍNDICE

Comité Editorial

Directorio

"No hay método,
no hay receta,
sólo una larga preparación"
G. Deleuze

PRÓLOGO

La educación pasa por una crisis en diáspora de escalas, de parámetros, metodologías, contiendas innecesarias, definiciones insostenibles, programas obsoletos, bloqueos organizacionales, autoridades verticales; sumado a liderazgos del siglo XX, contenidos tediosos y repetitivos, faltas de consensos, formación de grupos tribales, disputa por presupuestos, diagnósticos con miras cortas, esfuerzos aislados; retos de profesorado frente a nuevos panoramas, animaciones de políticas educativas montadas sobre espejeos europeos y de organismos económicos internacionales, luchas cerradas por intereses políticos que al alargue son económicos. ¿Qué tipo de profesores, qué docencia y qué investigación es pertinente en la segunda década digital del siglo XXI? Este libro expone investigaciones desde lo micro para colocar en la reflexión los desafíos de lo macro, rastrear los enlaces, las rupturas, las conexiones, las prácticas contextualizadas son esferas del vivir en la escolaridad y plantea en sí mismos los límites del concepto de escolaridad.

El debate se plantea respecto a si las escuelas son centros de formación de personas y/o centros de competitividad. Entre estos dilemas paradigmáticos se envuelve la eficiencia, la eficacia, la didáctica, la pedagogía, la organización escolar, la resistencia del profesorado, las nuevas discusiones acerca del profesorado, la docencia, y la propia investigación, ambos posicionamientos desafían estructuras sociales que le son inmanentes a la escuela como plantel, como organización social, como institución en crisis, y sobre todo como rendidora de informes a muchos patrones, entiéndase la SEP, la sociedad de padres y madres de familia, la comunidad en general, el sindicato, los medios de comunicación, los empresarios, organismos civiles que intentan despuntar mediante diagnósticos chatos acerca del sentido de la educación y el cambio educativo.

El *imprinting cultural* que se está cincelando a partir de estas prácticas y creencias institucionales debe ser pasado por el ojo de la reflexión que nos permita interrogar al tabú cognitivo que se intenta instaurar por las doctas ignorancias, que pretenden hacernos ver una realidad dominada por el economicismo, por el acento en la evaluación de productos como herramienta del desarrollo, aplicando sobre la realidad educativa una mirada univocista; el reto es echar luz sobre las cegueras paradigmáticas, de manera que nos permitan reconocer las lagunas cognitivas que se generan necesariamente desde la simplicidad, desde la linealidad, la disciplinariedad.

Este libro corresponde al intento de una versión menos cerrada de la realidad educativa, pretende la construcción, de la mano del lector, de una mirada transversal del panorama actual y futuro, que nos permita volver a pensar las situaciones de aula, de la institución, del sistema. Corresponde a una invitación a la reflexión educativa desde lo complejo, derribando la idea del pensamiento único y excluyente, por un pensar en donde incorporemos lo individual y lo social, lo biológico, antropológico, filosófico; es decir lo transdisciplinario, esa es, más o menos la aspiración de estos textos educativos, que por supuesto, se ponen a consideración del lector para ser discutidos e interpelados, de manera que las ideas no queden estáticas, sino incorporarnos a la dinámica del crecimiento conjunto, retroactivo, recursivo.

El papel del profesorado es sustancial en develar, en asomarse más allá del imprinting cultural impuesto por la amenaza economicista que se cierne sobre la escuela en estos tiempos y los que están por venir, donde al alumno se le ve en función de su capacidad para ser productivo, lo mismo que al profesor y su acción docente pretende ser medida a través de indicadores de productividad, olvidando que la esencia educativa es necesariamente compleja, compuesta de una serie de categorías interconectada, quedarse sólo con esta parte de la productividad es cercenar de un tajo la naturaleza compleja de la educación. Así, al profesor, como lo señala Motta, no puede exigírsele que lo sepa todo, pero sí que se encuentre informado y que sepa pasar la información por un filtro crítico siempre móvil, siempre renovado, plurivocista, cuya meta sea una dialógica cultural que le permita ver como a través de un caleidoscopio la realidad compleja, la complejidad de la escuela, la compleja escuela.

La labor del profesorado debe ser imperativamente de educador en este ecosistema donde hace falta la visión autónoma, porque la educación no podemos dejarla sólo al príncipe (El Estado), ni a los padres y madres de familia (Motta, 2012), porque entonces se vuelve contra nosotros de nuevo las consecuencias de planes y programas de estudios mono-culturales, políticas centralizadas, visiones basadas en la productividad y poder. Es menester de este libro, articular las investigaciones en tres vertientes que coinciden en la única de la educación, no sólo de la escolaridad, plantear desde este escenario es despresurizar las tensiones entre dos paradigmas confrontados y no revelado con claridad por muchos en un tipo de conflicto entre lo que se quiere de los micro-contextos y lo esperado en los contextos globales de nuestro tiempo llamados por algunos postcapitalismo, tecnocrónica, mente-factura, modernidad líquida, tercera modernidad, modernidad híbrida, posmodernismo. Aquí están los desafíos de la mutación mundial y sus transformaciones.

Abel Leyva Castellanos
José Francisco Miranda Esquer

INTRODUCCIÓN

La presente obra colectiva, se hace posible gracias a la generosidad de nuestros autores de capítulo, quienes han compartido estos reportes de investigación de manera inicial en la Revista Electrónica de Investigación Educativa Sonorense (RED-IES) publicada por la Red de Investigación Educativa en Sonora (REDIES).

Los autores revisan la realidad socio-educativa desde diversos referentes y tradiciones teórico-metodológicas, lo que tiene como resultado un texto rico en hallazgos e interpretaciones, que sin duda, re-colocan los temas en el debate educativo de nuestro país.

En el primer capítulo, los colegas Loreto Cecilio García Rembao y Miriam Elisama Gil Argüelles, comparten el texto *Mediación colaborativa con exe learning para el aprendizaje de fracciones comunes en tercer grado de primaria,* en el cual desarrollan un estudio cuantitativo para explorar el proceso de aprendizaje en los nuevos entornos digitales. Dentro de los hallazgos encontrados se presenta una coincidencia con este tipo de estudios, que revisan el empleo de las Tecnologías de la Información y la Comunicación (TIC), desde los cuales se afirma que los alumnos presentan un mejor manejo de estas tecnologías frente a sus profesores. Al compararse el grupo control (sin empleo de tecnología) y el grupo experimental (utilizando exe learning) se encuentran diferencias significativas en el aprendizaje de las fracciones comunes.

En el capítulo 2 se expone el reporte de investigación, titulado *Teorías implícitas de los profesores de telesecundaria del sur del estado de Sonora, México* presentado por Jesús Bernardo Miranda Esquer, Abel Leyva Castellanos y José Francisco Miranda Esquer. En esta investigación los autores exploran las teorías implícitas de profesores de telesecundaria del sur del estado de Sonora, realizada en el marco del Diplomado de Pedagogía de la Diversidad con la finalidad de establecer el paradigma psico-educativo en que se ubicaban los sujetos estudiados. Dentro de los hallazgos resalta el hecho que los profesores de educación telesecundaria se ubican de forma predominante en un paradigma psico-educativo constructivista.

El capítulo 3, presenta un reporte de investigación titulado *Competencias docentes y variables socio-académicas en los profesores de educación media superior. Estudio de caso: CECYTES, plantel Esperanza, Cajeme, Sonora* de Joel Meléndrez Arenas y Jesús Bernardo Miranda Esquer, en el cual se estudia la relación causal entre este tipo de variables detectadas en los profesores respecto a sus competencias. El instrumento de recolección se diseñó a partir de los atributos competenciales docentes que el subsistema plantea en sus programas de estudio, desde el enfoque de la Reforma Integral de la Educación Media Superior (RIEMS). Los resultados del estudio afirman que las variables socio académicas: género, años de servicio, licenciatura de egreso y grado académico no influyen en el nivel de competencia de los docentes.

En el siguiente capítulo, los investigadores Alberto Galván Corral, Carlos Jesús Hinojosa Rodríguez, Jesús Bernardo Miranda Esquer, Celia Yaneth Quiroz Campas y Arturo De La Mora Yocupicio, presentan el reporte *Estudio de la percepción del desarrollo sustentable en el sector educativo de Navojoa, Sonora* realizado al sector educativo de la ciudad de Navojoa, Sonora, en el cual explora la percepción actual de los factores determinantes del desarrollo sustentable. El estudio se ubica en un paradigma cuantitativo, retomando un diseño no experimental, de corte transversal. Derivado de los resultados y discusión, el nivel general de percepción del sector educativo se considera medio/ mínimo aceptable, la dimensión con más bajo nivel de percepción fue Desarrollo Ambiental Sustentable. Ninguna de las variables de desarrollo sustentable presentó nivel de debilidad.

En el capítulo 5, y último de esta obra colectiva, Jesús Eduardo León Tarín desarrolla un estudio bajo el siguiente título: *Globesidad en el istmo; prevalencia de sobrepeso y obesidad en maestros del Instituto de Estudios Superiores del istmo de Tehuantepec*, en el cual se determinaron los niveles de sobrepeso y obesidad de los maestros del Instituto de

Estudios Superiores del Istmo de Tehuantepec (IESIT), buscándose relaciones significativas del Índice de Masa Corporal (IMC) con respecto a variables del medio educativo. Dentro de los resultados se encontró que el 36% de maestros presentan sobrepeso; 44% obesos, de los cuales 18% tiene obesidad tipo III. No se encontraron relaciones significativas entre IMC y las demás variables del medio educativo.

Los capítulos que integran esta obra, nos permiten una rápida mirada sobre el profesorado de distintos niveles educativos: primaria, telesecundaria, bachillerato y nivel superior. Los autores nos permiten reflexionar elementos referentes a la docencia en cada uno de estos niveles, por lo que esta mirada construida desde diferentes referentes teóricos, y diversas estrategias metodológicas, se constituye como un acercamiento interesante al profesorado, la docencia y la investigación educativa desde una nueva forma de cognición: *en red*.

Jesús Bernardo Miranda Esquer

Mediación colaborativa con *exe learning* para el aprendizaje de fracciones comunes en tercer grado de primaria

Colaborative mediation with exe learning for common fraction learning in third grade of elementary school

Loreto Cecilio García Rembao
Universidad Estatal de Sonora, Unidad: Navojoa
Universidad Pedagógica Nacional, Unidad Navojoa
Miriam Elisama Gil Argüelles
Universidad Tecnológica de Etchojoa

Resumen

La presente investigación se ubica en el paradigma cuantitativo con un diseño cuasi- experimental, la cual se desarrolló con un grupo control de 22 alumnos y uno experimental con 24, del tercer grado de la escuela primaria "Adelaida E. de Félix" en San Ignacio, Cohuirimpo, Navojoa, Sonora, durante el ciclo escolar 2010-2011. Se aplicó una encuesta a alumnos y profesores para conocer las didácticas utilizadas en Matemáticas y el manejo de Tecnologías de Información (TI), mostrándose mayor dominio de los alumnos ante los docentes en el manejo de TI. Posteriormente se aplicó un pre-test a ambos grupos; se trabajaron 9 didácticas con el segundo grupo para el tema de fracciones comunes, empleando una mediación colaborativa por medio del software Exe Learning; posteriormente se aplicó un pos test, y después se desarrollaron 4 didácticas más y un segundo pos test. Por medio del estadístico t de Student con 95% de confianza se comprobó la diferencia significativa entre las medias de ambos grupos: control y experimental.

Palabras clave: Mediación colaborativa-Fracciones comunes-Software Exe Learning.

Abstract

This research is located in the quantitative paradigm with a quasi-experimental design, wich was developed with a 22 control group pupils and a pilot with 24, third grade from Adelaida E Felix elementary school in San Ignacio, Cohuirimpo, Navojoa, Sonora, in the 2010-2011 school year. A survey was applied to pupils and teachers to know about mathematics and information technology (IT) didactics. Showing major domain of pupils before teachers in (IT). Later a pretest was applied to both groups, it worked with a 9 didactics with the second group for the topic of common fractions, using a colaborative mediation by means *exe learning* software. Later a postest was applied and then 4 more didactics and a second postest were developed by means "t student statistic" with a 95% confidence, significant differences was verified betwen means control and experimental both groups

Keywords: collaborative mediation, common fractions Exe-Learning

Introducción

En la actualidad las tecnologías de la información forman parte de mayoría de las actividades que la sociedad demanda. Hace poco más de tres décadas el uso de estos recursos era exclusivo de las empresas y en el ámbito educativo, como herramienta para los procesos de enseñanza aprendizaje apenas si se esbozaban sus usos.

La aplicación de esta herramienta en los diferentes niveles de enseñanza, pudo haber provocado la disminución en las altas tasas de deserción escolar y haber disminuido los índices de reprobación y rezago en los alumnos, en estos últimos años. En referencia a la asignatura de matemáticas, los profesores actualmente, pueden apoyarse en el uso de algún software en sus salones de clases como medio auxiliar para promover los aprendizajes, lo cual hará que éstos, no se olviden tan fácilmente, por el impacto que la tecnología pueda tener en contraparte con un método tradicional verbalista, sin aplicaciones prácticas a problemas de la vida real.

En el presente capítulo se recapitula la metodología para llevar a la práctica la propuesta de: "Mediación colaborativa con el software Exe Learning para el aprendizaje de fracciones comunes en tercer grado de primaria", con el grupo "A" de la escuela primaria estatal "Adelaida E. de Félix" perteneciente al sector 01 de la zona 04, durante el ciclo escolar 2010-2011.

Planteamiento del problema

Actualmente, el aula de medios de la escuela primaria "Adelaida E. de Félix" no se aprovecha al cien por ciento para usos didácticos que apoyen a una asignatura del plan de estudios en particular; los alumnos la visitan únicamente para hacer alguna consulta en internet o para explorar y conocer los equipos y ocasionalmente para ejecutar algún juego cibernético en ellos. No se cuenta con ningún software educativo para que los profesores y alumnos interactúen con las máquinas para apoyar de manera didáctica a los diversos grados que se imparten en esta institución.

En esta investigación se pretende evaluar una propuesta para lograr una mejora significativa que agilice el aprendizaje de las matemáticas a nivel primaria mediante la utilización del programa educativo Exe Learning.

Esta propuesta se llevó a cabo en esta escuela primaria, perteneciente al sector 01 de la zona 04, ubicada en San Ignacio, Cohuirimpo, Navojoa, Sonora; se trabajó con un grupo control y un grupo experimental del tercer grado del ciclo escolar 2010-2011. Todo lo anterior, para obtener alguna respuesta a la siguiente pregunta de investigación: ¿Cuál es el efecto de la implementación de un modelo de mediación colaborativa para el empleo de Exe Learning en el aprendizaje de fracciones comunes en tercer grado de educación primaria?

Justificación

El desarrollo de este proyecto de investigación se relaciona con la demanda del área 1: *Mejoramiento Académico y Desarrollo Educativo* dentro del tema 2: Materiales y recursos educativos del Fondo Sectorial de Investigación para la Educación SEP-SEB CONACYT (2009) que habla a cerca de el uso de las TIC en el aprendizaje de diferentes asignaturas de la educación básica. El producto esperado es: "Experiencias exitosas en el empleo de algún recurso (...) así como propuestas de nuevos materiales y recursos factibles de implementarse en escuelas públicas a nivel nacional" Fondo Sectorial de Investigación para la Educación SEP-SEB CONACYT (p. 3).

Este estudio beneficiará a la escuela primaria "Adelaida E. de Félix" porque ayudará a conocer los efectos que causa el uso de un software educativo en el aprendizaje de sus alumnos en el área de matemáticas y contribuirá al mejoramiento de la comprensión del pensamiento lógico-matemático en los alumnos. En caso de no llevarse a cabo este estudio se seguirá utilizando la misma rutina de enseñanza hasta ahora practicada y no se conocerá si funciona de manera positiva la estrategia didáctica de mediación colaborativa por medio del software.

Objetivo general

Determinar la efectividad de un modelo de mediación colaborativa empleando el software Exe Learning para el mejoramiento del aprendizaje de fracciones comunes en alumnos de tercer grado en la escuela primaria "Adelaida E. de Félix".

Objetivos específicos

1. Diseñar estrategias para un modelo de mediación colaborativa para el mejoramiento de la enseñanza de" fracciones comunes".

2. Implementar las estrategias para desarrollar el modelo de mediación colaborativa empleando el Software Exe Learning en el Grupo Experimental (GE).

3. Llevar el seguimiento del aprendizaje de las fracciones comunes en los Grupos: Experimental (GE) y Control (GC).

4. Evaluar los resultados obtenidos del modelo de mediación colaborativa empleando el software Exe Learning en ambos grupos.

Hipótesis

Hipótesis Nula (H0):

El modelo de mediación colaborativa empleando el software Exe Learning para el mejoramiento del aprendizaje de las fracciones comunes en alumnos de tercer grado en la escuela primaria Adelaida E. de Félix no aporta resultados significativos.

Hipótesis de Investigación (HI):

El modelo de mediación colaborativa empleando el software Exe Learning para el mejoramiento del aprendizaje de las fracciones comunes en alumnos de tercer grado en la escuela primaria "Adelaida E. de Félix" sí aporta resultados significativos

Antecedentes

Se encontraron investigaciones relacionadas con este trabajo de investigación a nivel internacional en países de América y Europa y en el ámbito nacional, donde las TIC, aportan nuevas formas de construir el aprendizaje de las matemáticas por medio de programas especializados para la enseñanza de esta asignatura; todo ello, mediante el trabajo por equipo entre profesores y alumnos aprovechando las didácticas de diversos programas educativos.

Marco teórico

El ser humano conforme se desarrolla va adquiriendo experiencias que se traducen en cierta madurez tanto física como mental. Para Vigotsky (1988), la *zona de desarrollo próximo* es la distancia entre el nivel real del desarrollo y el nivel de desarrollo potencial, determinado a través de la resolución de un problema bajo la guía de un adulto o en colaboración con otro compañero más capaz.

Bruner, J. S. (2004) sustenta que el desarrollo del funcionamiento intelectual desde la infancia hasta las cotas de perfección a las que puede llegar está moldeado por una serie de avances tecnológicos en el modelo de la mente.

Tobón, S. (2007) define las competencias cognitivas como procesos mediante los cuales se analiza la información de acuerdo a las demandas del entorno poniéndose en acción esquemas cognitivos, técnicas y estrategias, lo cual permite al ser humano: conocer, percibir, explicar, comprender e interpretar la realidad.

La mediación docente se compone de dos puntos importantes: la participación guiada, según Rogoff (1990), citada por Meece (2000), es la interacción del niño y sus compañeros sociales en las actividades colectivas, y el andamiaje según Bruner (1976) citado por Meece

(2000) es el proceso donde los adultos apoyan al niño que está aprendiendo a dominar una tarea o problema.

Martí, E. (2005) sustenta que las tareas con ordenador permiten una confrontación explícita entre lo que realiza el alumno y las consecuencias inmediatas de su acción. Conforme a Crook (1998): "Una descripción cultural de la actividad mental suele referirse a los elementos mediadores, <<recursos exteriores>> a la persona que, sin embargo, se incluyen en las unidades de análisis al hacer esta forma de psicología cognitiva" (p.55). Lo anterior, significa que el ordenador junto con una mediación didáctica bien diseñada, planeada y llevada a cabo por el profesor encargado funge como un elemento altamente efectivo en la conducción de la clase.

Según Chamorro, M. (2001), en cualquier nivel de enseñanza pueden presentarse distintas carencias para el aprendizaje de las Matemáticas como: ausencia de generalización y desaparición de métodos de razonamiento que creará un estado de inseguridad para establecer relaciones entre los elementos geométricos.

Giménez, J. (2003) nos dice: "(...) Puesto que la mayoría de los docentes no han sido formados en atención a la diversidad en Matemáticas y se sienten inseguros, hecho que trae como consecuencia que algunos de los profesores rebajen contenidos pensando que estos alumnos no pueden acceder a determinados contenidos o bien incluso piensan que no deben hacerlo porque no les serán útiles para su vida adulta" (p.76).

Según Mc Farlane, A. (2001), una de las ventajas de los ordenadores es que se puede disponer de una gran cantidad de información, lo cual hace que cada usuario pueda rastrearla de acuerdo a sus intereses y necesidades permitiendo con ello relacionar ideas fácilmente, establecer enlaces cognitivos personales y, de esta forma construir el propio conocimiento.

Exe Learning es una herramienta que permite insertar diferentes actividades dentro de secciones de diversos tipos y crear toda la estructura de una asignatura de forma más intuitiva que la de un editor web cualquiera.

Método

El presente trabajo de investigación se inscribe dentro del paradigma cuantitativo, con un diseño cuasi-experimental. Se trabajó con un grupo control y un grupo experimental con pre test y pos test, de acuerdo con Stenhouse, L. (2004, p.62) quien declara que: "El problema de comparabilidad de los grupos experimental y de control concierne a nuestra capacidad para hacer formulaciones del efecto de un experimento".

Los sujetos que componen este estudio son 46 niños, 26 mujeres y 20 varoness, de los grupos "A" y "B" de tercer grado de primaria de la escuela "Adelaida E. de Félix" cuyas edades oscilan entre los 8 y los 9 años de edad, y el nivel socio-económico entre medio y bajo, las ocupaciones de los padres de familia son: comerciantes, profesionistas y empleados.

Se aplicó un cuestionario a alumnos y docentes en relación al *capital cultural escolar* presente (Ver apéndices A y B), encontrándose los siguientes hallazgos: los profesores encuestados utilizan la computadora para redactar textos en Word pero se encuentran dispuestos a aprender a utilizar algún programa que de alguna manera ayude y tenga finalidad didáctica en alguna materia; la herramienta principal para impartir las clases es el libro de texto y el aula de medios se utiliza una vez por semana donde la mayoría de los niños van a jugar. El escenario que se vislumbra en esta institución de educación primaria es que un 100% de los alumnos sabe utilizar la computadora de manera tan natural como jugar mientras que los docentes la utilizan sólo para trabajar en asuntos personales, lo cual obliga a éstos, a prepararse para estar al menos al mismo nivel que los alumnos. A pesar de presentar dificultades con el aprendizaje de las Matemáticas más de la mitad de los niños aseguran que son divertidas y fáciles, tal disposición significa que para mejorar su aprendizaje se necesita crear e innovar en la planeación de las clases.

En el desarrollo del presente trabajo de investigación, se utilizaron los siguientes instrumentos: un cuestionario de encuesta, un examen Pre-Test y dos exámenes Pos-Test; así mismo, los siguientes programas: Exe

Learning para la propuesta didáctica Matemática, Excel, SPSS 17 y el aula de medios de la institución.

Procedimiento

Se realizó una investigación de campo el 01 de octubre de 2010 por medio de un cuestionario de encuesta a los profesores y otro a los alumnos para obtener un diagnóstico de los conocimientos previos de tecnologías y su vinculación para impartir alguna materia. El día 12 de octubre se aplicó un pre test a los grupos experimental y control de tercer grado A y B para tener una relación previa de los conocimientos de ambos grupos. Entre el 15 de octubre de 2010 y el 25 de febrero 2011 se trabajaron 9 didácticas por medio del programa Exe Learning con el grupo experimental, verificando que el grupo control fuera a la par con los temas abordados, por medio de observaciones frecuentes. Entre el 17 mayo y el 8 de junio de 2011 se aplicaron 4 nuevas didácticas para fortalecer los conocimientos adquiridos durante las sesiones anteriores y aplicar nuevamente otro examen para hacer una comparación entre los avances de ambos grupos. El primer pos test se aplicó el día 3 de marzo de 2011 a ambos grupos y el segundo pos test se aplicó el día 16 de junio para observar si existían diferencias significativas entre los grupos control y experimental.

Resultados

Para la obtención de los resultados se utilizó el estadístico t de Student, tomando ambos grupos con la característica de muestras independientes, definidas por Sierra, R. (2001) como aquellas donde no hay asociación ninguna en las poblaciones de que proceden respecto a la característica de la que se trate.

El test t se utiliza para comparar dos conjuntos de medias y decidir si son o no diferentes, los estadísticos señalan que se trata de comprobar la hipótesis nula, que afirma que dos series de medidas no son diferentes (Harris, D., 2007).

La fórmula de la t para muestras independientes que se utilizó es la siguiente:

$$t = \frac{\overline{X}_1 - \overline{X}_2}{\sigma_p \sqrt{\frac{1}{N_1} + \frac{1}{N_2}}}$$

t = valor estadístico de la prueba t de Student.

$\overline{X}_1$ = valor promedio del grupo 1.

$\overline{X}_2$ = valor promedio del grupo 2.

σ_p = desviación estándar ponderada de ambos grupos.

N_1 = tamaño de la muestra del grupo 1.

N_2 = tamaño de la muestra del grupo 1.

Ecuación para obtener la desviación estándar ponderada:

$$\sigma_p = \sqrt{\frac{SC_1 + SC_2}{N_1 + N_2 - 2}}$$

σ_p = desviación estándar ponderada.

SC = suma de cuadrados de cada grupo.

N = tamaño de la muestra 1 y 2.

El análisis estadístico de la t de student se calculó mediante el paquete estadístico SPSS versión 17 para Windows.

Se aplicó un pre test el día 12 de octubre de 2010 para tener un referente previo de resultados de las medias en los grupos control y experimental y poder realizar un comparativo posteriormente, con un nivel de confianza del 95%.

Tabla 1. Resultados de la media, desviación típica y error de la media en GC y GI del pretest.

Grupos	N	Media	Desviación típica	Error típico de la Media
Control	22	8.2273	2.68916	.57333
Experimen	24	8.6250	2.53347	.51714

En la tabla 1, se muestra una similitud entre las medias de los grupos control 8.2273 y experimental 8.6250, con una diferencia mínima de 0.39773, el tamaño del primer grupo es 22 alumnos y del segundo 24. A continuación se muestra la tabla 2, donde se resume de manera clara la t de student, por medio de la prueba de Levene para la igualdad de varianzas en muestras independientes, los grados de libertad (gl) y la diferencia de medias.

***Tabla 2*. Resultados de la *t* de student, grados de libertad gl y diferencia de medias del pretest.**

			CALIFICACION	
			Se han asumido varianzas iguales	No se han asumido varianzas iguales
Prueba de Levene para la igualdad de varianzas		F	.184	
		Sig.	.670	
Prueba T para la igualdad de medias		T	-.516	-.515
		Gl	44	43.052
		Sig. (bilateral)	.608	.609
		Diferencia de medias	-.39773	-.39773
		Error típ. de la diferencia	.77006	.77210
	95% Intervalo de confianza para la diferencia	Inferior	-1.94969	-1.95477
		Superior	1.15423	1.15932

En la tabla 2, se presenta la prueba de Levene para determinar la igualdad de las varianzas entre los grupos a contrastar, al encontrar que para un nivel de confianza del 95%, si p menor o igual que 0.05, en la prueba de Levene habría que observar en la columna: "No se han asumido varianzas iguales" (Camacho, J., 2003), en caso contrario si p mayor que 0.05 (p=0.608) se asume que las varianzas son iguales. En la aplicación del pre test a los dos grupos, era de suponerse este resultado porque no se ha implementado ninguna estrategia con el grupo experimental, las diferencias entre ambos grupos son muy poco significativas y se asume que las medias son iguales: se acepta la hipótesis nula H0.

En la figura 1 se muestran los resultados del grupo control durante la aplicación del pre test:

Figura 1. Resultados del pretest del GC.

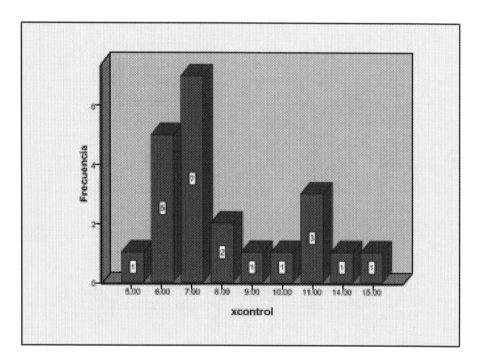

En la figura 2 se muestran los resultados del grupo experimental durante la aplicación del pre test:

Figura 2. Resultados del pretest del GE.

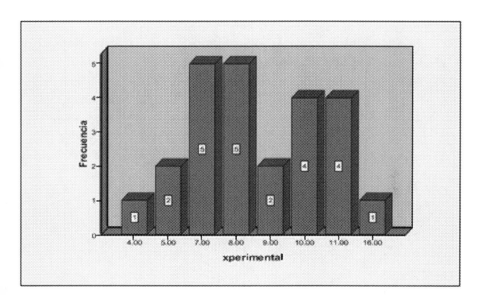

Después de desarrollar las primeras 9 didácticas durante un periodo de 6 semanas al grupo experimental, se aplicó un primer pos test el día 3 de Marzo de 2011 a ambos grupos para observar si existían diferencias significativas entre los grupos control y experimental por medio del estadístico t de student, con un nivel de confianza del 95%.

Tabla 3. **Resultados de la media, Desviación típica y error en la media en GC y GE del postest 1.**

	Grupos	N	Media	Desviación típica	Error típico de la media
Calificación	Control	22	8.0455	3.45691	.73702
	Experimental	24	9.3750	3.47428	.70919

En la tabla 3, se muestra una diferencia entre las medias de los grupos control 8.0455 y experimental 9.3750, con una diferencia de 1.32955, que aun no da fuerza para aprobar la HI, el tamaño del primer grupo es 22 y del segundo 24.

A continuación se muestra la tabla 4, donde se resume de manera clara la t de Student, los grados de libertad (GL) y la diferencia de medias.

Tabla 4. **Resultados de la t de student, grados de libertad gl y diferencia de medias del postest 1.**

			CALIFICACION	
			Se han asumido varianzas iguales	No se han asumido varianzas iguales
Prueba de Levene para la igualdad de varianzas	F		.002	
Prueba T para la igualdad de medias	Sig.		.96	
	T		-1.300	-1.300
	Gl		44	43.692
	Sig. (bilateral)		.201	.200
	Diferencia de medias		-1.32955	-1.32955
	Error típ. de la diferencia		1.02304	1.02281
95% Intervalo de confianza para la diferencia	Inferior		-3.39134	-3.39129
	Superior		.73225	.73220

En la tabla 4, se presenta la prueba de Levene para determinar la igualdad de las varianzas entre los grupos a contrastar, al encontrar que para un nivel de confianza del 95%, si p menor o igual que 0.05 en la prueba de Levene habría que observar en la columna de "No se han asumido varianzas iguales" (Camacho, J., 2003), en caso contrario si p mayor que 0.05 (p=0.201) se asume que las varianzas son iguales. En este caso en la aplicación del primer pos test a los dos grupos las diferencias son muy poco significativas y se asume que las medias son iguales: se sigue aceptando la hipótesis nula H0.

En la figura 3 se muestran los resultados del grupo control:

Figura 3. **Resultados del postest 1 del GC.**

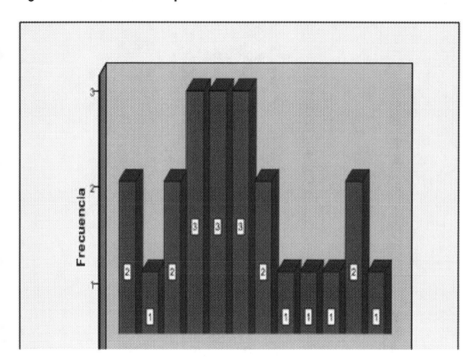

En la figura 4 se muestran los resultados del grupo experimental:

Figura 4. Resultados del postest 1 del GE.

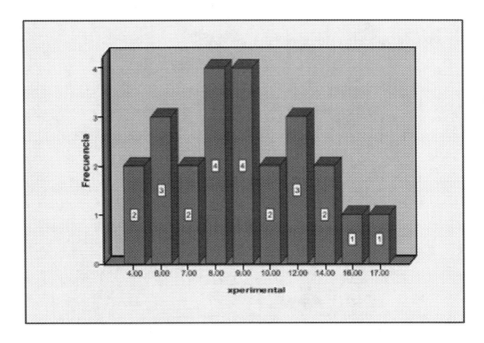

Con los resultados obtenidos anteriormente no se encontraron diferencias significativas en ambos grupos, fue entonces que se procedió a la aplicación de cuatro didácticas más durante cuatro semanas. Posteriormente se aplicó un segundo pos test el día 16 de junio del 2011, donde sí se reflejó una diferencia significativa entre las medias de los grupos control y experimental de 2.7159, que da lugar a la aprobación de la hipótesis de investigación H1 con un nivel de confianza del 95%.

Tabla 5. Resultados de la media, desviación típica y error de la media en GC y GI del postest2.

	Grupos	N	Media	Desviación típica	Error típico de la media
Calificación	Control	22	8.4091	3.11156	.66339
	Experimental	24	11.1250	3.49301	.71301

En la tabla 5, se muestra una diferencia entre las medias de los grupos control de 8.4091 y experimental 11.1250, con una diferencia de 2.71591, el tamaño del primer grupo es de 22 alumnos y el segundo de 24, que permite afirmar la existencia de una diferencia significativa de las medias y aprobar la H1.

A continuación se muestra la tabla 6, donde se resume de manera clara la t de student, los grados de libertad (GL) y la diferencia de medias.

***Tabla 6*. Resultados de la t de student, grados de libertad gl y diferencia de medias del postest 2.**

			CALIFICACIÓN	
			Se han asumido varianzas iguales	No se han asumido varianzas iguales
Prueba de Levene para la igualdad de varianzas		F	.935	
Prueba T para la igualdad de medias		Sig.	.339	
		T	-2.774	-2.789
		Gl	44	43.969
		Sig. (bilateral)	.008	.008
		Diferencia de medias	-2.71591	-2.71591
		Error típ. de la diferencia	.97889	.97389
	95% Intervalo de confianza para la diferencia	Inferior	-4.68873	-4.67869
		Superior	-.74309	-.75312

En la tabla 6, se presenta la prueba de Levene para determinar la igualdad de las varianzas entre los grupos a contrastar, al encontrar que para un nivel de confianza del 95%, si p (p=0.008) menor o igual que 0.05 en la prueba de Levene habría que observar en la columna de "No se han asumido varianzas iguales" (Camacho, J., 2003), en este caso en la aplicación del segundo pos test a los dos grupos, las diferencias son significativas y se asume que las medias no son iguales para aprobar la H1 que afirma que existen diferencias significativas entre los grupos control y experimental.

En la figura 5 se muestra la dispersión del grupo control:

Figura 5. **Resultados del postest 2 del GC.**

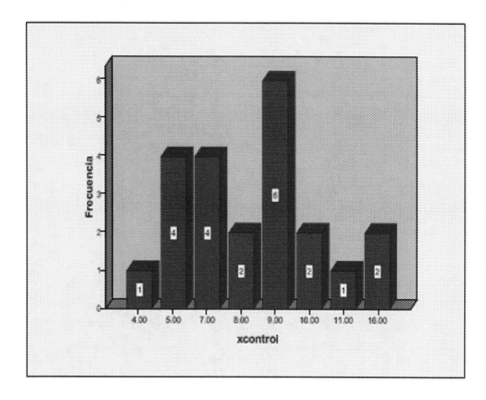

En la figura 6 la dispersión del grupo experimental.

Figura 6. **Resultados del postest 2 del GE.**

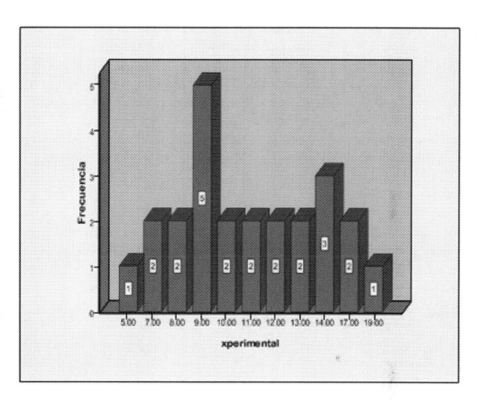

Discusión de resultados

Al encontrar diferencias significativas en el aprovechamiento escolar de los grupos control y experimental con la utilización del software Exe Learning para el tema de fracciones comunes en el grupo de tercer grado, también se observó una gran motivación de los niños del grupo experimental cuando recibían sus clases en el aula de medios, así como un poco de distracción, como sucedió en la investigación realizada por Nilda Etcheverry, Marisa Reid y Rosana Botta (2009), donde presenta el diseño del software Cabri para que los estudiantes de educación básica en Argentina apliquen las matemáticas de manera significativa, se utilizó un método experimental dando por resultado dinamismo y motivación, pero puede presentarse distracción durante la realización de las clases.

En la investigación se utilizó como herramienta de partida el libro de texto para relacionar las didácticas del tema de fracciones con las trabajadas en el software Exe Learning, la mediación docente y el trabajo colaborativo entre alumnos, haciendo las clases más divertidas e interesantes, como el proyecto de investigación de Noel Aguirre Ledesma (2001), donde con un software integrado a los contenidos del curso de una primaria en Bolivia los alumnos realizaban actividades con apoyo del docente y dando como resultado una mayor motivación.

Conclusiones

Los alumnos de tercer grado de la escuela primaria mostraron gran interés y curiosidad para manejar el software y aprender de manera visual y diferente al método tradicional el tema de fracciones, mostrándose en clase una participación activa de los niños y agilizando el proceso cognitivo para resolver problemas matemáticos relacionados con su vida cotidiana.

En la primera fase se aplicaron 9 didácticas relacionadas con la suma, resta, multiplicación y división de fracciones comunes, con resultados poco satisfactorios en la evaluación, debido a que por la novedad se presentaba un poco de distracción en las clases en virtud de que los niños no podían incorporar el nuevo esquema de aprendizaje utilizando las TIC. Después del éxito parcial obtenido se rediseñó la metodología de enseñanza con 4 nuevos ejercicios y otros recursos visuales como videos y objetos ilustrados. Con el fin de tener una validación cuantitativa de los datos numéricos obtenidos de los distintos test aplicados antes y después de la utilización del software Exe Learning en la enseñanza de fracciones comunes, se utilizó el estadístico t de student para comparar si existían diferencias significativas en los resultados de ambos grupos, no habiéndose encontrado en la primera y segunda aplicación (pretest y postest 1) diferencias significativas en dichos resultados, sin embargo, cuando se pasó a la segunda fase del grupo experimental, con el cambio de metodología y 4 nuevas didácticas por medio del software Exe Learning se pudo comprobar, por medio de un segundo postest, que finalmente sí se presentaron diferencias muy significativas entre las medias de los dos grupos.

Los resultados anteriores señalan que es posible mejorar el rendimiento académico en esta área de las Matemáticas mediante el uso de las TIC, acompañadas de una buena mediación docente y el trabajo colaborativo entre alumnos. Las escuelas primarias están obligadas a cambiar sus métodos de trabajo en el uso de las TIC, preocuparse por capacitar a sus profesores y tenerlos al día para estar a la par con los distintos usos de las tecnologías en el presente.

Referencias

Aguirre, N. (2001). *Software de matemática para secundaria y primaria.* Recuperado (20/Oct/09): http://www.educaguia.com/Software/ matematicas.asp

Bruner, J.S. (2004). *Desarrollo Cognitivo y Educación (5ª).* Madrid: Morata.

Calvo, M. (2008). *Enseñanza Eficaz de la Resolución de Problemas en Matemáticas.* Recuperado: (18/Oct/09) en: http://redalyc.uaemex.mx

Camacho, J., (2003). *Estadística con SPSS para Windows.* México: Alfa Omega.

Chamorro, M. (2001). *Dificultades de Aprendizaje de las Matemáticas.* España. Ministerio de Educación Cultura y Deporte. Recuperado (19/Abr/10): http://books.google.com.mx/books?id=QdNiBcJZVq4C&pg=PA123&dq =la+ense%C3%B1anza+matematica+en+la+primaria&cd=3#v=onepa ge&q&f=fals

Crook, C. (1998). *Ordenadores y Aprendizaje Colaborativo.* Madrid: Morata.

Etcheverry N., Reid M. y Botta, R. (2009). *Animándonos a la Enseñanza de la Geometría con Cabri.* Recuperado (30/Nov/09): http://www.fisem.org/ descargas/17/Union_017_013.pdf

Exe Learning Software Libre. Recuperado (28/Feb/11): http://exelearning. org/wiki

Giménez, J. (2003). *Matemáticas en Europa: Diversas Perspectivas.* Madrid: Graó.

Harris, D. (2007). *Análisis Químico Cuantitativo (3ª ed.).* Barcelona: Reverté

Martí, E. (2005). *Aprender con Ordenadores en la Escuela (2ª ed.).* Barcelona: Horsori. Mc Farlane, A. (2001). El Aprendizaje y las Tecnologías de la Información: Experiencias, Promesas, Posibilidades. Revisado (4/ dic/09):http://www.uclm.es/PROFESORADO/RICARDO/Recension/ Luis_Muno z.doc

SEP SEB CONACYT (2009). *Demandas SEP-CONACYT*. México: Autor.

Sierra Bravo, R. (2001). *Técnicas de Investigación Social*. Madrid: Paraninfo.

Stenhouse, L. (2004). *La Investigación como Base de la Enseñanza* (5ª ed.). Madrid: Morata.

Taller APA-AEPSI (2009). Guía sobre el Estilo de Publicaciones de la APA (5ª ed.). México: Manual Moderno.

Tobón, S. (2007). *Formación Basada en Competencias (2ª. Ed.)* Madrid: ECOE.

Vigotsky, L. (1988). *El Desarrollo de los Procesos Psicológicos Superiores*. Barcelona: Grijalbo.

APÉNDICE A

TABLA DE RESULTADOS DEL CUESTIONARIO DE ENCUESTA APLICADO A LOS PROFESORES QUE ATIENDEN A LOS GRUPOS DE TERCER Y CUARTO GRADO DE LA PRIMARIA "ADELAIDA E. DE FÈLIX" EN OCTUBRE 2010

No.	ITEM	RESPUESTAS		
		OFFICE	SICRES	NINGUNO
1	¿Qué programas computacionales maneja?	60%	20%	20%
		DESCONOZCO		UTILIZANDO PROGRAMAS
2	¿Cómo podría incorporar las tecnologías computacionales a la enseñanza de las matemáticas?	20%		80%
		PROBLEMAS COTIDIANOS	MATERIAL DIDÀCTICO	PARTIC DE ALUMNO
3	¿Cómo enseña matemáticas a sus alumnos?	20%	60%	20%
			OBSERVACIÒN Y EXPERIMENTACIÒN	
4	¿Cómo cree que construye el niño el aprendizaje?		100%	
		AYUDA DE LOS PADRES		COMPRAS Y CALCULAR DISTANCIAS

#	Pregunta			
5	¿Qué factores cotidianos considera importantes para relacionarlos en la enseñanza de las matemáticas?	40%		60%
6	¿De qué manera cree que puede influir el uso de la computadora en la enseñanza de las matemáticas?		POSITIVA, NOVEDOSA Y DIVERTIDA 100%	
7	¿Cómo considera que se encuentra la situación actual de la enseñanza de matemáticas en los niños en su escuela?	ENTRE MEDIO Y BAJO 40%		BIEN PERO PUEDE MEJORARSE 60%
8	Según su experiencia docente ¿cuáles son las principales funciones de las matemáticas en la vida cotidiana del niño?	RESOLUCIÒN PROBLEMAS 60%	OPERACIONES FUNDAMENTALES 20%	PREP PARA EL FUTURO 20%
9	¿Qué paquetes computacionales cree que pueden servir para enseñar matemáticas?	OFFICE, JUEGOS 60%	ENCICLOMEDIIA 20%	NO LO SÈ 20%

APÉNDICE B

TABLA DE RESULTADOS DEL CUESTIONARIO DE ENCUESTA APLICADO A LOS ALUMNOS DE DE TERCER GRADO DE LA PRIMARIA "ADELAIDA E. DE FÈLIX" EN OCTUBRE 2010

No.	ITEM	RESPUESTAS		
		1 DIA X SEM	2 DIAS X SEM	3-5 DIAS X SEM
1	¿Cada què tanto tiempo entras al aula de medios?	60%	28%	12%
		TRABAJAR E INVESTIGAR	INT JUEGOS Y VIDEOS	NINGUNA
2	¿Qué actividades realizas en el aula de medios?	43%	43%	13%
		SI		NO
3	¿Tienes computadora en tu casa?	30%	70%	
		GOOGLE INTERNET	DIBUJAR EN PAINT	NINGUNO
4	¿Qué programas utilizas para realizar tus tareas?	52%	25%	23%
		SUMA, MULTIPLIC Y DIVISION	TABLAS DE MULTIPLICAR	NADA ES DIFICIL
5	¿Qué es lo más difícil de la clase de matemáticas?	83%	10%	7%
		UTILIZANDO PROGRAMAS	JUEGOS INTERNET	NO SE
6	¿De qué manera imaginas que podrías utilizar la computadora para aprender?	33%	50%	17%
		FÀCILES Y DIVERTIDAS	SON DIFÌCILES	MAS O MENOS

7	¿Te gustan las matemáticas? ¿por qué?	85%	8%	7%

		MUCHO	POCO	NADA
8	En tus actividades diarias ¿qué tanto utilizas las matemáticas?	45%	48%	7%

		LEERLO Y PENSAR	RESOLVERLO	NO SE
9	¿Qué es lo primero que haces para empezar a resolver un problema matemático?	50%	37%	13%

		PIZARRON Y MARCADOR	CUADERNO	NINGUN OTRO
10	Además de los libros ¿qué otro material de apoyo utiliza tu profesor para impartirte las clases?	57%	35%	8%

Teorías implícitas de los profesores de Telesecundaria del sur del estado de Sonora, México

Implicit theories of teachers Tele-secondary southern Sonora State, Mexico

Jesús Bernardo Miranda Esquer
Universidad del Valle de México, Campus: Hermosillo
Abel Leyva Castellanos
Universidad Autónoma de Sinaloa
José Francisco Miranda Esquer
Universidad del Valle de México, Campus: Hermosillo

Resumen

Esta investigación se realizó dentro del marco del Diplomado de Pedagogía de la Diversidad que se oferta a profesores de educación telesecundaria del estado de Sonora. El objetivo general es determinar en qué paradigma psicoeducativo se ubican los profesores telesecundarianos del sur del estado de Sonora. Los sujetos de la investigación son 51 profesores de educación telesecundaria que laboran en escuelas de los municipios de Etchojoa, Navojoa, Huatabampo y Álamos. El diseño de la investigación es no experimental de tipo transversal. El instrumento es un cuestionario de dilemas sobre concepciones acerca del aprendizaje, construido por Vilanova, García y Señoriño (2007), el cual permite ubicar a los docentes en una de tres teorías implícitas sobre el aprendizaje que son: directa, interpretativa y constructiva; la primera de ellas denota fuertes vínculos con una concepción tradicionalista de la educación, lo que deja ver en quien asume esta posición una necesidad de actualización docente. El índice de consistencia reportada por los autores es de 0.705.

Las conclusiones preliminares del estudio son: los profesores de educación telesecundaria se ubican de forma predominante en un paradigma psicoeducativo constructivista, no existe una correlación estadística significativa entre años de servicio, licenciatura de origen y último grado de estudios con el paradigma psicoeducativo en el que se ubican los profesores.

Abstract

This research was conducted within the framework of the Diploma of Education about Diversity currently offer to telesecundaria teachers in the state of Sonora. The general objective is to determine in which psychoeducational paradigm stands the telesecundarianos teachers located in southern Sonora. The research subjects are 51 telesecundaria education teachers, working in schools in the municipalities of Etchojoa, Navojoa, Alamos and Huatabampo. The research design is nonexperimental cross. The instrument is a questionnaire dilemmas conceptions about learning, built by Vilanova, Señoriño and Garcia (2007), which allows teachers to place in one of three implicit theories about learning that are direct, interpretative and constructive, the first one denotes strong links with a traditionalist conception of education, which reveals who assumes this position in a need to upgrade teaching. The consistency index reported by the authors is 0.705.

Preliminary findings of the study are: tele education teachers are located predominantly in a psychoeducational constructivist paradigm, there is no statistically significant correlation between years of service and final source Bachelor degree studies with psychoeducational paradigm in which teachers located.

Introducción

Dentro del sistema educativo estatal del estado de Sonora, se encuentra el subsistema de telesecundarias. Este subsistema oferta a los profesores de educación telesecundaria el diplomado de Pedagogía de la Diversidad, por lo que se ha considerado pertinente revisar las teorías implícitas de los profesores participantes, para desde ese punto de partida, diseñar una *trayectancia* diferenciada a partir del paradigma psicoeducativo en el que se ubican los profesores. En palabras de Fernando Ballenilla (1997) configurar modelos didácticos de referencia que cuestionen los modelos didácticos personales de los profesores, para arribar a un modelo didáctico modificado.

Dicho modelo didáctico de referencia, se plantea desde la pedagogía de la diversidad (Martín, E. y Mauri, T., 2001) para promover la modificación del modelo didáctico personal de los profesores.

Fundamentación teórica

En este trabajo se recurre al enfoque que aborda las teorías implícitas de los profesores, planteando las acciones que éstos desarrollan para dar respuesta a sus necesidades de formación y aprendizaje que la labor docente les exige.

Las teorías implícitas son desarrolladas desde la cotidianidad, obedeciendo a varias de las reglas planteadas por Heller (1977, 1985), como son la espontaneidad, la orientación a fines prácticos y la correspondencia a probabilidad de éxito de las acciones tomadas. Estas explicaciones que las personas en general formulan para explicarse y entender la vida, y en el caso de los docentes, las actividades relacionadas a su quehacer educativo, se articulan con visiones propias de ver la profesión y concretamente de ver el aprendizaje y la enseñanza, su naturaleza y el tipo de acciones que es necesario implementar durante los procesos educativos.

El origen de estas teorías está en las creencias que los docentes desarrollan en interacción con otros docentes, Durán pone énfasis en el rol que desempeñan las creencias al afirmar que: "Son una herencia social y es indudable que son igualmente una construcción con buenas razones para justificar su actuación" (Durán, 2005, p. 27).

Aunque las creencias constituyen un elemento importante en la construcción de los modelos mentales que dan origen a las teorías implícitas, también influyen de manera concomitante en este quehacer las actitudes y los juicios (Vilanova, García y Señoriño, 2007).

Gopnik y Meltzoff (1997) citados por Pozo (2006) afirman que para que una representación pueda considerarse una teoría debe reunir cuatro características:

1. Abstracción. Las teorías no son observables, debido a que su naturaleza es abstracta.

2. Coherencia. Existe una relación entre las representaciones y teorías implícitas que posee la persona.

3. Causalidad. Estas teorías y las representaciones que de ellas se derivan, orientan la práctica docente.

4. Compromiso ontológico. Las teorías determinan la representación del mundo del sujeto y un desequilibrio dentro de ese orden ontológico, requiere de una revisión de las teorías.

La importancia del estudio de estas teorías radica en que dependiendo del tipo de conocimiento que el docente desarrolle, se ponen en acción un tipo concurrente de planeación docente, acción y evaluación docente (Durán, E. 2005).

Heller (1987), Salgueiro (1997), Porlán (1997) y Ballenilla (1997) afirman que el conocimiento cotidiano se articula en una verdadera guía de acción dentro de la práctica docente. En este sentido, Tardif (2004, p. 170) sostiene: "Los saberes de los profesores son representaciones mentales a partir de los cuales elabora el docente una representación de la acción y le da forma".

Desde la perspectiva de Vilanova, García y Señoriño (2007) las concepciones intuitivas que las personas tienen sobre el aprendizaje se pueden describir, mediante tres teorías de dominio, las teorías: directa, interpretativa y constructiva.

Sobre la teoría directa, se supone una correspondencia directa entre el pensamiento y la acción, entre la enseñanza y el aprendizaje, asume por lo tanto un determinismo ingenuo en la relación enseñanza aprendizaje. Por otra parte, reflexiona el aprendizaje como una copia fiel del objeto, sin considerar el análisis de los procesos cognitivos implicados en el aprendizaje. Desde el punto de vista epistemológico, se asocia con una postura realista ingenua.

La teoría interpretativa, por otra parte, asume una mayor actividad en el sujeto cognoscente, aunque comparte con la teoría directa la noción de que el aprendizaje consiste en obtener una copia fiel del objeto. Las actividades que el sujeto lleva a cabo con el propósito de aprehender el objeto deben ser tales, que no lo distorsionen. Desde esta perspectiva, la mejor forma de aprender es observando a un experto en su tarea. Las actividades mentales como la memoria, la atención, las asociaciones, son consideradas importantes para el aprendizaje. Del supuesto de correspondencia exacta entre sujeto y objeto se deriva que, aunque se pueden obtener distintos resultados como consecuencia de un aprendizaje, existe uno que es el óptimo. Epistemológicamente, esta teoría se sustenta en concepciones realistas críticas.

La teoría constructivista supone una relación dialéctica entre sujeto cognoscente y objeto cognoscible, que al interactuar se transforman mutuamente. Por lo tanto, se recobra el carácter estratégico del sujeto cognoscente, al no existir un resultado óptimo, ya que el tipo de representaciones relacionadas con el objeto que la persona posee de antemano, el contexto en el que es aprehendido y los propósitos establecidos en función de dicho aprendizaje, son variables intervinientes en el aprendizaje. El sustento epistemológico es relativista.

Método

Esta investigación asume una perspectiva verificativa dentro del nivel epistemológico de paradigma (Valles, M. 2007), y retoma un enfoque cuantitativo dentro del nivel metodológico de paradigma. El diseño de investigación es el conocido como no experimental (Kerlinger y Lee, 2002), de tipo transversal (Bravo, R. 2005). La técnica de recolección es el cuestionario de dilemas de Vilanova, García y Señoriño (2007). Los estadísticos para el análisis de datos fueron: tabulación de frecuencias y correlaciones mediante el estadístico de Rho de Spearman.

Sujetos

Los sujetos participantes en esta investigación son 51 profesores de educación secundaria, que laboran en el subsistema de telesecundarias en los municipios de Navojoa, Etchojoa, Huatabampo y Álamos. Por la característica del instrumento, se dejó abierta la opción de anotar el nombre de quien respondía el instrumento, por lo que el dato del género de los participantes no es preciso.

Instrumento

El instrumento con el que se recogieron datos es un cuestionario de dilemas sobre concepciones acerca del aprendizaje, construido por Vilanova, García y Señoriño (2007). Se compone de 11 reactivos de opción múltiple, con tres opciones de respuesta, cada opción describe la visión de cada una de las tres teorías: directa, interpretativa y constructivista, que se abordan en la fundamentación teórica de este documento. El instrumento plantea dilemas sobre situaciones de la cotidianidad docente, que implica que el sujeto que responde el cuestionario debe asumir una de las tres opciones planteadas, de la elección de las respuestas se obtiene la adopción de una de las tres teorías.

Los procesos de validación del instrumento se realizaron mediante el jueceo de expertos y validez de constructo mediante análisis factorial. Para calcular la confiabilidad del instrumento se aplicó el alfa de cronbach, resultando un 0.705.

Procedimiento

Se realizó una fase de aplicación del instrumento de dilemas sobre concepciones acerca del aprendizaje de Vilanova, García y Señoriño (2007) a 51 profesores, de las sedes Navojoa y Etchojoa. La captura y procesamiento se realizó con el paquete estadístico SPSS v. 16.0, por medio del cual se calculó estadística descriptiva y la correlacional bivariada.

Resultados y discusión

Mediante el trabajo de análisis estadístico se localizaron algunos hallazgos relevantes en torno a la temática de análisis.

Se exploró la variable *licenciatura de egreso*. En la figura 1 se presentan los resultados a este respecto.

Figura 1. Licenciatura de egreso.

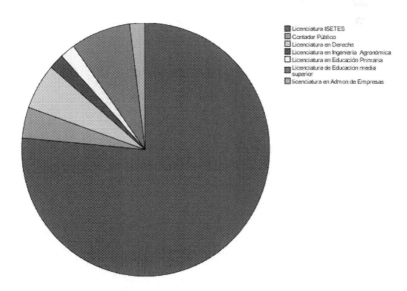

Autor: Elaboración propia

De los sujetos investigados, el 76.5% (39 sujetos) han egresado de la Licenciatura de ISETES, 7.8% han egresado de alguna institución para Educación Media (4 sujetos), 5.9% son licenciados en Derecho (3 sujetos), 3.9% (2 sujetos) son contadores públicos. Egresados de licenciatura en Ingeniería Agronómica, licenciatura en Administración de Empresas y licenciatura en Educación Primaria han observado una frecuencia de 1 sujeto en cada licenciatura mencionada.

En la tabla 1, se presentan las frecuencias y porcentajes de la variable *último grado de estudio* de los sujetos investigados.

Tabla 1. Último grado de estudio

Válidos	Frecuencia	Porcentaje	Porcentaje válido	Porcentaje acumulado
Licenciatura	40	78.4	78.4	78.4
Maestría	10	19.6	19.6	98.0
Doctorado	1	2.0	2.0	100.0
Total	51	100.0	100.0	

Autor: Elaboración propia

De los sujetos participantes en esta investigación, 40 reportan como su último grado de estudio la licenciatura, 10 sujetos mencionan la maestría, y finalmente 1 sujeto reporta el doctorado como su último grado de estudio.

Al revisar la variable *años de servicio en el subsistema,* se ha generado la tabla 2.

Tabla 2. **Años de servicio en el subsistema**

Válidos	Frecuencia	Porcentaje	Porcentaje válido	Porcentaje acumulado
De 1 a 5 años	1	2.0	2.0	2.0
De 6 a 10 años	2	3.9	4.0	6.0
De 11 a 15 años	13	25.5	26.0	32.0
De 16 a 20 años	15	29.4	30.0	62.0
De 21 a 25 años	12	23.5	24.0	86.0
26 o más años	7	13.7	14.0	100.0
Total	50	98.0	100.0	
Perdidos	1	2.0		
Total	51	100.0		

Autor: Elaboración propia

Se puede observar que el 80% de los sujetos investigados se ubican en uno de los tres rangos: de 11 a 15 años (26%), de 16 a 20 años (30%) y de 21 a 25 años (24%). De 26 o más años observa un 13.7%; de 6 a 10 años se presenta en un 3.9% y de 1 a 5 años, solamente se ubicó un sujeto en ese rango, lo que representa un 2%. Se registra un valor perdido.

En la figura 2, se presentan barras agrupadas de las variables Licenciatura de egreso y Años de servicio en el subsistema.

Figura 2. **Barras agrupadas Licenciatura de egreso vs. años de servicio en el subsistema**

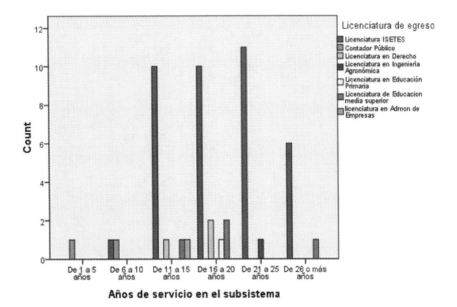

Autor: *Elaboración propia*

En la figura de barras agrupadas se puede observar que la Licenciatura en ISETES es visiblemente la primera opción dentro de los rangos de años de servicio, excepto en los primeros dos rangos (De 1 a 5 años y de 6 a 10 años).

En la figura 3, se agrupan las frecuencias de las variables Años del servicio en el subsistema y Último grado de estudio.

Figura 3. **Barras agrupadas para último grado de estudio vs. años de servicio en el subsistema.**

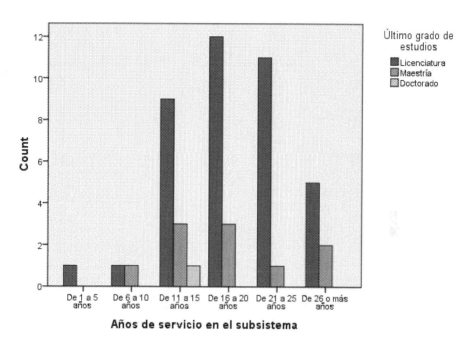

Autor: Elaboración propia

El último grado de estudio es la licenciatura, excepto en el rango de 6 a 10 años el cual presenta la misma frecuencia que el grado de maestría.

En la tabla 3 se presenta la teoría implícita de los profesores al contestar el item 1, el cual expone el siguiente dilema:

a) Con respecto al aprendizaje, algunos docentes opinan que:

Aprender es obtener la copia del objeto aunque algo distorsionada debido al propio proceso de aprender. (TEORIA INTERPRETATIVA)

b) Aprender es obtener la copia fiel de lo que se aprende. (TEORIA DIRECTA)

c) Aprender es recrear el objeto de aprendizaje, necesariamente transformándolo. (TEORIA CONSTRUCTIVA)

Tabla 3. Teoría implícita respecto al aprendizaje (Dilema 1).

Válidos	Frecuencia	Porcentaje	Porcentaje válido	Porcentaje acumulado
Teoría Directa	2	3.9	3.9	3.9
Teoría Interpretativa	2	3.9	3.9	7.8
Teoría Constructiva	47	92.2	92.2	100.0
Total	51	100.0	100.0	

Autor: Elaboración propia

Se observa en la tabla 3, que el 92.2% de los participantes asume una perspectiva constructivista respecto al aprendizaje. Mientras que la teoría directa y la teoría interpretativa, observan una frecuencia de 3.9% cada una de ellas. De los 51 participantes en el Diplomado, tenemos que 4 profesores pueden avanzar en esta reconceptualización del aprendizaje.

Enseguida se analiza el dilema 6 que se representa en la tabla 4. El dilema se lee de la siguiente forma:

Para que los alumnos aprendan a aplicar los conocimientos adquiridos, las opiniones fueron:

a) Enfrentarlos a situaciones cada vez más abiertas, donde el docente sólo actúa como orientador. (TEORÍA CONSTRUCTIVA)

b) Explicarles con claridad lo que deben hacer y plantearle unas cuantas situaciones similares para que practiquen lo que se les ha enseñado (TEORÍA DIRECTA)

c) Explicarles con claridad cómo deben trabajar para luego ir enfrentándolos a situaciones diferentes. (TEORÍA INTERPRETATIVA)

Tabla 4. Teoría implícita respecto a la aplicación de conocimientos adquiridos

Válidos	Frecuencia	Porcentaje	Procentaje válido	Porcentaje acumulado
Teoría Directa	11	21.6	21.6	21.6
Teoría Interpretativa	12	23.5	23.5	45.1
Teoría Constructiva	28	54.9	54.9	100.0
Total	51	100.0	100.0	

Autor: Elaboración propia

Se puede revisar en la tabla anterior que el 54.9% se encuentra dentro de la perspectiva constructivista, mientras que el resto en teoría interpretativa (23.5%) y teoría directa (21.6%). Los profesores requieren mayor acompañamiento para que reflexionen de forma constructiva la aplicación de conocimientos.

En el dilema 11 se reflexiona lo siguiente:

Al evaluar la resolución de un problema, lo más importante es:

a) Plantearle una situación problemática nueva e, independientemente del resultado final que obtenga, comprobar que puede ponderar distintos caminos y elegir entre una variedad de estrategias para resolverlo. (TEORÍA CONSTRUCTIVA)

b) Plantearle una situación problemática similar a las trabajadas en clase y comprobar que el alumno sigue los pasos del procedimiento enseñado y llega al resultado correcto. (TEORÍA DIRECTA)

c) Plantearle una situación problemática nueva y comprobar que es capaz de seleccionar un procedimiento adecuado para llegar al resultado correcto. (TEORÍA INTERPRETATIVA)

Los resultados se exponen en la tabla 5.

Tabla 5. **Teoría implícita respecto a la evaluación de resolución de problemas.**

Válidos	Frecuencia	Porcentaje	Porcentaje válido	Porcentaje acumulado
Teoría Directa	6	11.8	12.0	12.0
Teoría Interpretativa	21	41.2	42.0	54.0
Teoría Constructivista	23	45.1	46.0	100.0
Total	50	98.0	100.0	
Perdidos	1	2.0		
Total	51	100.0		

Autor: Elaboración propia

Revisando la tabla anterior, el 46% se ubica dentro de una perspectiva constructivista, el 42% se ubica en una perspectiva interpretativa y el 12% presenta una teoría directa.

En la tabla 6, se calculan correlaciones mediante el estadístico Rho de Spearman, para revisar si existen correlaciones estadísticas significativas entre las variables de estudio.

Tabla 6. Correlación bivariada de Rho de Spearman.

Spearman's rho			Años de servicio en el subsistema	Último grado de estudios	Licenciatura de egreso	Al evaluar la resolución de un problema, lo más importante es:	Para que los alumnos aprendan a aplicar los conocimientos adquiridos, las opiniones fueron:	Con respecto al aprendizaje algunos docentes opinan que...
Años de servicio en el subsistema	Correlation Coefficient		1.000	-.128	-.198	.002	-.226	.176
	Sig. (2-tailed)		.	.375	.167	.990	.115	.222
	N		50	50	50	49	50	50
Último grado de estudios	Correlation Coefficient		-.128	1.000	-.287'	.022	-.256	-.028
	Sig. (2-tailed)		.375	.	.041	.881	.070	.848
	N		50	51	51	50	51	51
Licenciatura de egreso	Correlation Coefficient		-.198	-.287'	1.000	-.103	.270	.013
	Sig. (2-tailed)		.167	.041	.	.476	.055	.930
	N		50	51	51	50	51	51
Al evaluar la resolución de un problema, lo más importante es:	Correlation Coefficient		.002	.022	-.103	1.000	.362'	.224
	Sig. (2-tailed)		.990	.881	.476	.	.012	.118
	N		49	50	50	50	50	50
Para que los alumnos aprendan a aplicar los conocimientos adquiridos, las opiniones fueron:	Correlation Coefficient		-.226	-.256	.270	.362'	1.000	-.033
	Sig. (2-tailed)		.115	.070	.055	.012	.	.818
	N		50	51	51	50	51	51
Con respecto al aprendizaje algunos docentes opinan que...	Correlation Coefficient		.176	-.028	.013	.224	-.033	1.000
	Sig. (2-tailed)		.222	.848	.930	.118	.818	.
	N		50	51	51	50	51	51

*. Correlation is significant at the 0.05 level (2-tailed).

Autor: Elaboración propia.

Revisando la tabla de correlaciones con Rho de Spearman se discute lo siguiente:

No existen correlaciones estadísticamente significativas que nos permita afirmar que la teoría implícita de los profesores se relaciona con los años de servicio en el subsistema, con la licenciatura de egreso y con el último grado de estudios.

Conclusiones

Las conclusiones del estudio son las siguientes:

1. Las teorías implícitas de los profesores no se correlacionan significativamente con la variable Años de servicio en el subsistema.

2. Las teorías implícitas de los profesores no se correlacionan significativamente con la variable Licenciatura de egreso.

3. Las teorías implícitas de los profesores no se correlacionan significativamente con la variable Último grado de estudio.

Referencias

Ballenilla, F. (1995). *Enseñar Investigando: ¿Cómo Formar Profesores desde la Práctica?* Sevilla: Díada.

Durán, E. (2005). *Creencias de los Egresados de Posgrado sobre su Tarea Docente.* México: Universidad Autónoma de Sinaloa.

Heller, A. (1977). *Sociología de la Vida Cotidiana.* Madrid: Parroquia.

_____(1985). *Historia y vida Cotidiana.* México: Grijalbo.

Kerlinger, F. & Lee, H. (2002). *Investigación del Comportamiento.* México: McGraw-Hill. Martín, E. y Mauri, T. (2001). *La Atención a la Diversidad en la Educación Secundaria.* Barcelona: ICE/HORSORI

McKernan, J. (2001). *Investigación-Acción y Curriculum.* Madrid: Morata.

Perrenoud, Ph. (1997). *Construir Competencias desde la Escuela.* Santiago de Chile: J. C. Sáez.

_____ (2009). *Diez Nuevas Competencias para Enseñar.* Madrid: Graó. Porlán, R. (1997). *Constructivismo y Escuela.* Sevilla: Díada.

Pozo, J. (2006). *Nuevas Formas de Pensar la Enseñanza y el Aprendizaje.* México: Graó.

Tardif, M. (2004). *Los Saberes del Docente y su Desarrollo Profesional.* Barcelona: Narcea.

Valles, M. (2007). *Técnicas Cualitativas de Investigación Social. Reflexión Metodológica y Práctica Profesional.* Madrid: Síntesis.

Vilanova, S., García M. B. y Señoriño, O. (2007). *Concepciones acerca del Aprendizaje: Diseño y Validación de un Cuestionario para Profesores enFormación.* Revista Electrónica de Investigación Educativa, 9 (2). Consultado el 13 de enero de 2009, en: http://redie.uabc.mx/vol9no2/contenidovilanova.html

Competencias docentes y variables socio académicas en los profesores de educación media superior. Estudio de caso: CECyTES, Plantel Esperanza, Cajeme, Sonora.

Teaching skills and socio academic variables in the teachers of high school education.
Case Study: CECyTES, Plantel Esperanza

Joel Meléndez Arenas
Colegio de Estudios Científicos y Tecnológicos
del Estado de Sonora (CECyTES) Plantel Esperanza
Jesús Bernardo Miranda Esquer
Universidad del Valle de México
Campus Hermosillo

Resumen

El presente trabajo, estudia la relación causal entre las variables socio académicas de los profesores respecto a las competencias docentes de los profesores del Colegio de Estudios Científicos y Tecnológicos del Estado de Sonora (CECyTES) plantel Esperanza, Sonora, México. Para la recolección de datos se utiliza un instrumento de evaluación de las competencias docentes, adaptado de los atributos de las competencias de los profesores desde el enfoque de la Reforma Integral de la Educación Media Superior (RIEMS). El instrumento se encuentra en escala likert y se aplica a los profesores. La discusión de resultados destaca el hallazgo que las variables socio académicas género, años de servicio, licenciatura de egreso y grado académico no influyen en el nivel de competencia de los docentes.

Palabras clave: Competencias docentes, educación media superior, evaluación docente, variables socio académicas.

Abstract

This paper studies the causal relationship between socio academic teachers about the teaching skills of teachers in the Colegio de Estudios Científicos y Tecnológicos del Estado de Sonora (CECyTES) plantel Esperanza, Sonora, Mexico. For data collection it employed an assessment tool of teaching skills, adapted from the attributes of the skills of teachers from the focus of the Reforma Integral de la Educación Media Superior (RIEMS) in Likert scale. The instrument applies to teachers. The discussion of results highlights the socio finding that academic gender, years of service, bachelor degree graduation and do not influence the level of competence of teachers.

Keywords: Skills teachers, high school education, teacher evaluation, socio academic variables.

Introducción

Son bastantes los escenarios donde se discute y se plantea la idea de que la educación debe ser significativa y se adapte a los requerimientos del entorno. Cejas, M. (2005) comenta que ya desde los ochentas, se veía la necesidad de vincular la educación con el desempeño, buscando una estrecha relación entre el sector educativo y productivo. Esto requería una adecuación de la manera en la que se establecían los planes de estudio a las necesidades reales del contexto. La educación basada en competencias: "Busca elevar el potencial del individuo, de cara a las transformaciones que sufre el mundo actual y la sociedad contemporánea". (Cejas, M. 2005, p. 3).

Existe una gran cantidad de necesidades docentes en el siglo XXI, entre ellas, las evaluaciones educativas, conciencia y respeto de la diversidad étnica y cultural, los estilos propios del aprendizaje y las formas de relación que se dan en los salones de clases, el desarrollo de las TIC, entre otros, que hacen rotundamente necesario el cambio del perfil docente, así como sus procesos de formación y actualización. En definitiva, Garduño y Guerra (2008) comentan que se requiere transformar los conocimientos, las habilidades, las actitudes y los valores de los docentes, dado que buena parte de la formación tuvo lugar cuando era estática, de transmisión vertical y dogmática.

Para Zambrano (2006), las competencias que debe poseer el profesor comienzan con tres preguntas fundamentales: ¿Qué sé?, ¿Cómo comunico lo que sé? y ¿Cómo me transformo con lo que sé? El acto de enseñar las competencias, es complejo ya que supone ser competente antes de enseñarle al otro como serlo. Las competencias docentes surgen en el tiempo en que el profesor está en la práctica del estudio, la comunicación y la transformación.

Un aspecto importante que menciona Tejada, J. (2009), es que ante la pluralidad de profesionales que intervienen en distintos contextos, con una formación y con antecedentes profesionales y personales muy diversos, se ve la necesidad de establecer un perfil profesional docente, en el que es necesario centrarse en dos aspectos: la concreción de una familia profesional y las competencias docentes que forman parte del perfil profesional.

En la Tabla 1, se muestran las competencias docentes que describen en lo general, el perfil compartido de todos los profesores de la EMS con sus respectivos atributos, según el Acuerdo 447 del Diario Oficial de la Federación emitido por la SEP el 29 de Octubre de 2008.

Tabla 1. **Competencias docentes basadas en la RIEMS.**

Competencia	Principales atributos
1. Organiza su formación continua a lo largo de su trayectoria profesional.	• Reflexiona e investiga sobre la enseñanza y sus propios procesos de construcción del conocimiento. • Incorpora nuevos conocimientos y experiencias al acervo con el que cuenta y los traduce en estrategias de enseñanza y de aprendizaje. • Se evalúa para mejorar su proceso de construcción del conocimiento y adquisición de competencias, y cuenta con una disposición favorable para la evaluación docente y de pares. • Aprende de las experiencias de otros docentes y participa en la conformación y mejoramiento de su comunidad académica. • Se mantiene actualizado en el uso de la tecnología de la información y la comunicación. • Se actualiza en el uso de una segunda lengua.
2. Domina y estructura los saberes para facilitar experiencias de aprendizaje significativo.	• Argumenta la naturaleza, los métodos y la consistencia lógica de los saberes que imparte. • Explicita la relación de distintos saberes disciplinares con su práctica docente y los procesos de aprendizaje de los estudiantes. • Valora y explicita los vínculos entre los conocimientos previamente adquiridos por los estudiantes, los que se desarrollan en su curso y aquellos otros que conforman un plan de estudios.

Competencia	Principales atributos
3. Planifica los procesos de enseñanza y de aprendizaje atendiendo al enfoque por competencias, y los ubica en contextos disciplinares, curriculares y sociales amplios.	· Identifica los conocimientos previos y necesidades de formación de los estudiantes, y desarrolla estrategias para avanzar a partir de ellas. · Diseña planes de trabajo basados en proyectos e investigaciones disciplinarias e interdisciplinarias orientados al desarrollo de competencias. · Diseña y utiliza en el salón de clases materiales apropiados para el desarrollo de competencias. · Contextualiza los contenidos de un plan de estudios en la vida cotidiana de los estudiantes y la realidad social de la comunidad a la que pertenecen.
4. Lleva a la práctica procesos de enseñanza y de aprendizaje de manera efectiva, creativa e innovadora a su contexto institucional.	· Comunica ideas y conceptos con claridad en los diferentes ambientes de aprendizaje y ofrece ejemplos pertinentes a la vida de los estudiantes. · Aplica estrategias de aprendizaje y soluciones creativas ante contingencias, teniendo en cuenta las características de su contexto institucional, y utilizando los recursos y materiales disponibles de manera adecuada. · Promueve el desarrollo de los estudiantes mediante el aprendizaje, en el marco de sus aspiraciones, necesidades y posibilidades como individuos, y en relación a sus circunstancias socioculturales. · Provee de bibliografía relevante y orienta a los estudiantes en la consulta de fuentes para la investigación. · Utiliza la tecnología de la información y la comunicación con una aplicación didáctica y estratégica en distintos ambientes de aprendizaje.
5. Evalúa los procesos de enseñanza y de aprendizaje con un enfoque formativo.	· Establece criterios y métodos de evaluación del aprendizaje con base en el enfoque de competencias, y los comunica de manera clara a los estudiantes. · Da seguimiento al proceso de aprendizaje y al desarrollo académico de los estudiantes. · Comunica sus observaciones a los estudiantes de manera constructiva y consistente, y sugiere alternativas para su superación. · Fomenta la autoevaluación y coevaluación entre pares académicos y entre los estudiantes para afianzar los procesos de enseñanza y de aprendizaje.

Competencia	Principales atributos
6. Construye ambientes para el aprendizaje autónomo y colaborativo.	• Favorece entre los estudiantes el autoconocimiento y la valoración de sí mismos. • Favorece entre los estudiantes el deseo de aprender y les proporciona oportunidades y herramientas para avanzar en sus procesos de construcción del conocimiento. • Promueve el pensamiento crítico, reflexivo y creativo, a partir de los contenidos educativos establecidos, situaciones de actualidad e inquietudes de los estudiantes. • Motiva a los estudiantes en lo individual y en grupo, y produce expectativas de superación y desarrollo. • Fomenta el gusto por la lectura y por la expresión oral, escrita o artística. • Propicia la utilización de la tecnología de la información y la comunicación por parte de los estudiantes para obtener, procesar e interpretar información, así como para expresar ideas.
7. Contribuye a la generación de un ambiente que facilite el desarrollo sano e integral de los estudiantes.	• Practica y promueve el respeto a la diversidad de creencias, valores, ideas y prácticas sociales entre sus colegas y entre los estudiantes. • Favorece el diálogo como mecanismo para la resolución de conflictos personales e interpersonales entre los estudiantes y, en su caso, los canaliza para que reciban una atención adecuada. • Estimula la participación de los estudiantes en la definición de normas de trabajo y convivencia, y las hace cumplir. • Promueve el interés y la participación de los estudiantes con una conciencia cívica, ética y ecológica en la vida de su escuela, comunidad, región, México y el mundo. • Alienta que los estudiantes expresen opiniones personales, en un marco de respeto, y las toma en cuenta. • Contribuye a que la escuela reúna y preserve condiciones físicas e higiénicas satisfactorias. • Fomenta estilos de vida saludables y opciones para el desarrollo humano, como el deporte, el arte y diversas actividades complementarias entre los estudiantes. • Facilita la integración armónica de los estudiantes al entorno escolar y favorece el desarrollo de un sentido de pertenencia.

Competencia	Principales atributos
8. Participa en los proyectos de mejora continua de su escuela y apoya la gestión institucional.	· Colabora en la construcción de un proyecto de formación integral dirigido a los estudiantes en forma colegiada con otros docentes y los directivos de la escuela, así como con el personal de apoyo técnico pedagógico. · Detecta y contribuye a la solución de los problemas de la escuela mediante el esfuerzo común con otros docentes, directivos y miembros de la comunidad. · Promueve y colabora con su comunidad educativa en proyectos de participación social. · Crea y participa en comunidades de aprendizaje para mejorar su práctica educativa.

Miranda *et al* (2009), comentan que no existe relación en la edad con las competencias cognitivas, sociales, éticas y afectivo – sociales. El sexo del personal docente se correlaciona con la competencia ética, las mujeres presentan mayor competencia ética que los varones. Valores como la responsabilidad, honestidad y compromiso se han incorporado en mayor medida en el ethos de las profesoras, que en lo docentes de sexo masculino. La preparación y actualización docente se relacionan con el compromiso y la responsabilidad. Una persona más preparada y actualizada, implica en su labor docente mayor compromiso y responsabilidad, de igual forma, a mayor compromiso con la institución educativa, existe mayor motivación para una mejor preparación académica. Los profesores egresados de licenciaturas alejadas de la profesión docente, presentan menor competencia social, de lo contrario, los profesionistas formados como docentes han presentado una mayor competencia social.

De acuerdo con García *et al* (2009), específicamente las que tienen que ver con las TIC los varones enseñan más a sus alumnos programas computacionales, hacen mayor uso del internet docente, y diseñan material multimedia que sus compañeras docentes. Por otro lado, las mujeres otorgan mayor importancia a las competencias docentes con respecto al uso de las TIC, que la mayoría de sus compañeros varones.

Resultados obtenidos por Gómez *et al.* (2008), permiten señalar de acuerdo a la percepción de los estudiantes y las variables contratación, grado académico, antigüedad, y género no existen diferencias significativas (p<0.05) con el desempeño docente. La comparación entre los puntajes obtenidos por variables tipo de contratación, grado académico, antigüedad, perfil profesional y género indican que los docentes con mayor trayectoria constituyen un grupo con mejor desempeño docente, a partir de la opinión de los estudiantes. Según García *et al.* (2009), los docentes con menos experiencia utilizan más las páginas de internet para la docencia, que los que tienen de 10 a 20 años, donde consideran más importante el diseño de tutorías on-line para seguimiento del aprendizaje.

Objetivos

Recolectar los datos socio-académicos así como las competencias docentes de los sujetos investigados.

Relacionar causalmente las variables socio académicas de los profesores respecto a las competencias docentes.

Método

Este estudio ha retomado un diseño no experimental, dado que no se manipularon las variables, transeccional, debido a su aplicación única en Marzo de 2011 y correlacional, ya que relaciona las competencias docentes con las variables socio académicas (género, años de servicio, licenciatura y maestría de egreso).

Se elaboró un instrumento de evaluación basado en las 8 competencias docentes de la Educación Media Superior de acuerdo a la RIEMS, en la que sus atributos fueron los ítems para la construcción de un instrumento para determinar las competencias docentes del personal que labora en esta institución. La encuesta fue realizada bajo la escala tipo Likert mediante las siguientes opciones de respuestas: 0= nunca, 1= casi nunca, 2= a veces, 3= casi siempre y 4= siempre. En la parte superior del instrumento se indica contestar las variables socio académicas. Posteriormente, los profesores contestaron los 40 ítems.

El cuestionario de encuesta utilizado fue un inventario para la evaluación de competencias docentes dentro de la RIEMS creado por Miranda, J. y Meléndrez, J. (2011). Mediante el paquete estadístico Stadistical Science Socials Package (SPSS) v. 16 se calculó el índice de consistencia interna del instrumento mediante el Alfa de Cronbach, obteniéndose un valor de 0.935, por lo que es un instrumento confiable en lo que dice medir.

Dicho instrumento se aplicó a tres profesores de distintos géneros, diferencia de años de servicio, y de distintos perfiles de licenciatura y maestría.

Resultados

Para saber si existe una relación entre las competencias docentes y las variables demográficas (género, años de servicio, licenciatura y maestría de egreso) se realizó la comprobación de las hipótesis causales mediante el estadístico Ji Cuadrado (X^2).

Género

Se analizó si el género influye en el nivel de competencia docente del profesor, en el cual por medio de la prueba estadística Ji Cuadrado (X^2) se puede observar en la Tabla 2.

Tabla 2. **Prueba de Ji Cuadrada (X^2) de las variables género y competencias docentes.**

	Value	df	Asymp. Sig. (2-sided)
Pearson Chi-Square	3.000^a	2	.223
Likelihood Ratio	3.819	2	.148
Linear-by-Linear Association	.010	1	.919
N of Valid Cases	3		

a.   6 cells (100.0%) have expected count less than 5. The minimum expected count is .33.

Autor: Elaboración propia

De acuerdo con el esquema mostrado en la tabla 2, de las competencias docentes obtenidas en lo profesores y el género del profesor, se obtuvo como resultado por el análisis de Chi cuadrada un valor de 3.000 X^2, por lo que no existe una relación causal entre las competencias de los maestros y su género. Gómez et al. (2008), relaciona un atributo de una competencia docente al género, que es apoyada por Miranda et al. (2009), sin embargo, no debe ser cuestión de género que se dominen ciertas competencias con respecto al otro, sino que las competencias merecen ser enseñadas indistintamente del género del profesor que imparte la asignatura. Para este estudio se encontró que el género no influye en el nivel de competencia docente del profesor, tal como lo maneja Gómez et al. (2008), donde el género y el desempeño docente, no existe diferencia significativa (p<0.05).

Años de servicio

Se examinó si los años de servicio influyen en el grado de competencia docente de los profesores por lo que se hizo la prueba estadística Ji Cuadrado (X^2) obteniéndose los resultados correspondientes en la tabla 3.

Tabla 3. **Prueba de Ji Cuadrada (X^2) de las variables Años de servicio y competencias docentes**

	Value	df	Asymp. Sig. (2-sided)
Pearson Chi-Square	6.000[a]	4	.199
Likelihood Ratio	6.592	4	.159
Linear-by-Linear Association	.261	1	.610
N of Valid Cases	3		

a.   9 cells (100.0%) have expected count less than 5. The minimum expected count is .33.

Autor: Elaboración propia

En la tabla 3, de las competencias docentes y los años de servicio del maestro, se obtuvo como resultado por el análisis de Chi cuadrada un valor de 6.000 X^2, por lo que los años de servicio no son causa del desarrollo de las competencias de los docentes. García et al. (2009), expresa que los profesores con menor cantidad de años de servicio utilizan más las páginas de internet para la docencia, que los maestros que tienen varios años de servicio. Sin embargo, los docentes con mayor tiempo en el magisterio, consideran importante un seguimiento del alumno en su aprendizaje, por medio de recursos de internet. Esto lleva a establecer que independientemente de los años de servicio, las competencias docentes se deben manejar ya como un común denominador entre los nuevos integrantes de la institución educativa y los que ya tienen tiempo en la docencia. Los nuevos docentes pueden aportar sus ideas con lo que poseen desde su formación para enriquecer las competencias en cuestiones académicas. Para la presente investigación se encontró evidencia que los años de servicio no influyen en el grado de competencia docente.

Licenciatura de egreso

Con la intención de comprobar estadísticamente si la licenciatura de egreso influye en el nivel de competencia docente de los profesores estudiados se realizan los cálculos correspondientes que se muestran en la Tabla 4:

Tabla 4. Prueba de Ji Cuadrada (X^2) de las variables licenciatura de egreso y competencias docentes.

	Value	df	Asymp. Sig. (2-sided)
Pearson Chi-Square	6.000^a	4	.199
Likelihood Ratio	6.592	4	.159
Linear-by-Linear Association	1.990	1	.158
N of Valid Cases	3		

a. 9 cells (100.0%) have expected count less than 5. The minimum expected count is .33.

Autor: Elaboración propia.

Como se observa en la tabla 4, de las competencias docentes y la licenciatura de egreso del maestro, se obtuvo como resultado por el análisis de Chi cuadrada un valor de 6.000 X^2, por lo que licenciatura de egreso no representa ser una causa en el desarrollo de las competencias de los docentes. De acuerdo con Miranda *et al.* (2009), los profesores egresados de licenciaturas sin formación en educación, presentan menor competencia social, en contraparte, los profesionistas formados como docentes han presentado una mayor competencia social. Esto lleva a la idea de que el perfil profesional influye en algunos atributos de ciertas competencias docentes, en este caso de la dimensión social del aprendizaje. Gómez *et al* (2008) realiza la comparación entre los puntajes obtenidos entre la variable perfil profesional y el desempeño docente, donde se indica, que más que el perfil del egresado de la carrera relacionada con la contratación para impartir clases, lo que define el mejor desempeño es la trayectoria del docente en el terreno profesional, a partir de la opinión de los estudiantes. Considerando que el análisis de la información se realizó a partir de la percepción de los docentes, usando el instrumento de autoevaluación, éste demuestra que el perfil profesional no considera que impacte en las competencias docentes, por lo que se puede discutir que la licenciatura de egreso no influye en el nivel de competencia de los profesores de CECyTES Esperanza.

Maestría de egreso

Finalmente, con la intención de comprobar estadísticamente si la maestría de egreso influye en el nivel de competencia docente de los profesores investigados, se realizan los cálculos de la Ji Cuadrada (X^2), como se muestran en la tabla 5.

Tabla 5. **Prueba de Ji Cuadrada (X^2) de las variables maestría de egreso y competencias docentes**

	Value	df	Asymp. Sig. (2-sided)
Pearson Chi-Square	6.000[a]	4	.199
Likelihood Ratio	6.592	4	.159
Linear-by-Linear Association	.381	1	.537
N of Valid Cases	3		

a. 9 cells (100.0%) have expected count less than 5. The minimum expected count is .33

Autor: elaboración propia.

De acuerdo con el análisis cruzado, que se puede ver en la tabla 5, se obtuvo un valor de Chi cuadrada de 6.000 X^2, del cual se puede inferir que la maestría de egreso no determina el desarrollo de las competencias docentes. Gómez *et al.* (2008), señala que no existe diferencia significativa entre el grado académico (0.05) y el desempeño docente, considerando que lo que hace a un profesional es la trayectoria laboral que el docente posea, para la facilitación de conocimientos. De acuerdo al presente estudio, se concluye que el grado académico, no influye en el nivel de competencia que poseen los profesores activos de CECyTES Plantel Esperanza.

Conclusiones

Se consiguió correlacionar estadísticamente las distintas competencias que poseen los docentes de CECyTES Esperanza, relacionando las variables socio académicas de una forma causal. Las variables socio académicas como es el género, los años de servicio, la licenciatura y maestría de egreso, no influyen en el nivel de competencia de los profesores encuestados.

Con este estudio, emanado de los instrumentos de evaluación para las competencias docentes de la educación media superior, surge la necesidad de una evaluación que permita encontrar las variables que realmente impacten en el desempeño docente, dado que éste impacta a su vez en el desempeño del alumno.

Sería interesante analizar las variables socio académicas de los directores con las competencias directivas que dicta la RIEMS para encontrar los factores que determinen el desempeño a nivel directivo.

Referencias

Cejas M. (2005). *La educación basada en competencias: una metodología que se impone a la educación superior.* Venezuela: Universidad de Carabobo.

García A., Valcárcel M. y Repiso. (2009). *Procesos de innovación didáctica basados en el uso de las nuevas tecnologías.* En: *Experiencias de innovación docente universitaria.* España: Universidad de Salamanca.

Garduño T. y Guerra M. (2008). *Una educación basada en competencias.* México: Aula Nueva.

Gómez, M., Luna E. y Cordero, G. (2008). *Las variables de trayectoria profesional y pedagógica de los docentes y su relación en el diseño de modalidades de formación.* México: Universidad Autónoma de Baja California.

Miranda J., Nieblas K. y Peña D. (2009). *Factores correlacionados a la ética profesional de los profesores de ciencias de la educación del ITSON.* En: Memorias del X Congreso Nacional de Investigación Educativa. México: COMIE. Consultado en Junio de 2011 en: http://www.comie.org.mx/congreso/memoria/v10/pdf/area_tematica_06/ponencias/0848- F.pdf

Secretaría de Educación Pública (2008). *Acuerdo Secretarial 447.* México: Diario Oficial de la Federación. En: http://www.reforma-iems.sems.gob.mx/wb/riems/acuerdos_secretariales

Tejada, J. (2009). *Competencias docentes.* En: *Revista de currículum y formación de profesorado.* Vol. 13, Núm 2. España. pp. 1-15

Zambrano, A. (2006). *Tres tipos del profesor y competencias. Una relación compleja.* En: *Educere.* Vol 10, Núm. 33. Venezuela. pp. 225 – 232.

CAPÍTULO 4

Estudio de la Percepción del Desarrollo Sustentable en el Sector Educativo de Navojoa, Sonora

Survey about the Perception of Sustainable Development in the Education Sector from Navojoa, Sonora

Alberto Galván Corral
Instituto Tecnológico de Sonora
Carlos Jesús Hinojosa Rodríguez
Instituto Tecnológico de Sonora
Jesús Bernardo Miranda Esquer
Universidad del Valle de México, Campus: Hermosillo
Cecilia Yaneth Quiroz Campas
Instituto Tecnológico de Sonora
Arturo de la Mora Yocupicio
Instituto Tecnológico de Sonora

Resumen

El presente artículo describe un estudio sobre desarrollo sustentable, realizado al sector educativo de la ciudad de Navojoa, Sonora; en él se pretende conocer la percepción actual de los factores determinantes del desarrollo sustentable en el sector educativo de la ciudad de Navojoa, que permita identificar las áreas de oportunidad en cada una de las dimensiones. Para el desarrollo de la investigación se llevó a cabo el siguiente procedimiento: selección de la muestra, recolección de datos, análisis de validez y confiabilidad del instrumento, análisis de datos y presentación de resultados. Derivado de los resultados y discusión, el nivel general de percepción del sector educativo se considera medio/mínimo aceptable, la dimensión con más bajo nivel de percepción fue Desarrollo Ambiental Sustentable. Ninguna de las variables de desarrollo sustentable presentó nivel de debilidad.

Palabras Clave: Percepción, Desarrollo Sustentable, Dimensiones del Desarrollo Sustentable.

Abstract

This paper describes a survey about sustainable development, made the education sector of the city of Navojoa, Sonora, it is to know the current perception of the determinants of sustainable development in the education sector in the city of Navojoa, allowing identify areas of opportunity in each of the dimensions. For the development of the research was carried out the following procedure: sample selection, data collection, analysis of validity and reliability of the instrument, data analysis and presentation of results. Derived from the results and discussion, the general level of awareness of the education sector is considered medium/minimum acceptable, the dimension with the lowest level of perception was Sustainable Environmental Development. None of the variables introduced sustainable development level of weakness.

Keywords: Perception, Sustainable Development, Dimensions of Sustainable Development.

Introducción.

La concepción de desarrollo económico en los últimos años, ha evolucionado de manera acelerada, inicialmente se consideraba al ingreso real per cápita como un indicador del crecimiento y desarrollo, actualmente se han agregado nuevos elementos que incluyen la esfera de lo político, social y ecológico, destacando como ejes centrales el medio ambiente y las personas para la obtención de un desarrollo sustentable.

Jickling (2006), menciona que el término desarrollo sustentable no tiene un significado común pero que es un término que se maneja en todo el mundo, además que la educación dará la capacidad para trascender el concepto de desarrollo sustentable y las concepciones de cambio social incrustadas en él, también que se debe de esperar que la buena educación proporcione la capacidad para extenderse más allá, como fin y como proceso.

Hernández y Garduño (2010), comentan que las tecnologías existentes hoy en día son de gran ayuda para el desarrollo de cualquier actividad humana. En la industria de la construcción y particularmente en el desarrollo de las ciudades y áreas urbanas, las tecnologías juegan un papel muy importante para el desarrollo y productividad de las mismas generando iniciativas para mejorar la calidad de los servicios y productos (puentes, edificios, casas, infraestructura, equipamiento, entre otros), por mencionar algunas aplicaciones tecnológicas están: sistemas de información geográfica, tecnología de realidad virtual para simulación, tecnología avanzada para vehículos, sistemas de control de tránsito, sistemas para el manejo de desperdicios, sistemas de automatización de edificios, entre otros.

Para Gutiérrez (1996), el desarrollo sustentable representa un camino a seguir y el gran reto de compatibilizar la economía con la sociedad y la distribución justa y equitativa de la riqueza, por lo que hay que cambiar paradigmas. Por otro lado Martínez (2003), comenta que frente a un mundo dominado por el individualismo, superproducción y el consumo, se requiere crear otro basado en la solidaridad, la vida comunitaria y una ciencia capaz de combinarse con los saberes populares. La sustentabilidad demanda un nuevo pacto social buscando nuevas relaciones sociales, modos de producción y patrones de consumo, por tal motivo es importante asumir nuevos enfoques y prácticas para revertir las tendencias actuales.

Rappo y Vázquez (2007), mencionan que el desarrollo regional y sus políticas han tenido dos actores: el gobierno en sus tres niveles y la iniciativa privada, de tal manera que el desarrollo de las regiones dependían de las iniciativas del gobierno y las inversiones que este mismo generaba, con el fin también de atraer inversiones de capital privado hacia las regiones que como tal decidían impulsar. En todo el proceso la población no participaba, siendo sólo un elemento pasivo del desarrollo, actuando en ocasiones a la defensiva cuando se veían afectados sus intereses.

Tetreault (2004), da a conocer un conjunto de modelos para el desarrollo sustentable y presenta una taxonomía de los mismos para generar una comparación, algunos modelos que presenta son normativos y otros son basados en la experiencia de distintos proyectos, dichos modelos son: modelo dominante, ecología política, modelo comunitario de desarrollo sustentable, el comercio justo, la producción forestal industrial comunitaria, el activismo ambiental, y la conservación basada en la comunidad.

Escobar (2007), menciona que el desarrollo sustentable implica la satisfacción de las necesidades de las sociedades presentes, pero sin poner en riesgo la de las generaciones futuras, significa que ya no sólo es asignar racional y eficientemente los escasos recursos, sino que también hay que aplicarlos responsablemente.

Urquidi (2000), comenta que en México la concientización sobre el deterioro ambiental o sobre lo que se debería hacerse es muy baja, gran parte de la población vive ajena a las preocupaciones ambientales. Según Pérez (2008), la pequeña y mediana empresa (Pyme) son de gran importancia para el desarrollo y crecimiento sustentable, ya que son el motor de la economía, por lo que deben estar orientadas a una visión prospectiva con participación social.

Según el Instituto Nacional de Estadística, Geografía e Informática (INEGI, 2000), refiere que en la preocupación por mejorar la calidad de vida para la población, es necesario convertir el enfoque de la sustentabilidad en el prototipo de desarrollo que deben alcanzar los países, el cual deberá ser evaluado. En la figura 1 se puede apreciar la estructura del análisis de la sustentabilidad, en tales categorías o subsistemas se busca identificar, no sólo los posibles ámbitos de causa-efecto para un fenómeno ambiental dado, sino también los factores o aristas esenciales que pueden orientar las líneas de acción a seguir en torno a dichos fenómenos.

***Figura 1.* Capítulos del Desarrollo Sustentable según Categoría Temática**

Categoría y capítulo	Número de indicadores
Aspectos Sociales	
3 Combate a la pobreza	6
5 Dinámica demográfica y sustentabilidad	4
36 Promoción de la educación, la concientización pública y la capacitación	11
6 Protección y promoción de la salud humana	12
7 Promoción del desarrollo de asentamientos humanos sustentables	8
	Subtotal 41
Aspectos Económicos	
2 Cooperación internacional para acelerar el desarrollo sustentable en los países y en sus políticas internas	5
4 Cambio de patrones de consumo	8
33 Mecanismos y recursos financieros	6
34 Transferencia de tecnología	4
	Subtotal 23
Aspectos Ambientales	
18 Recursos de agua dulce	7
17 Protección de océanos, todo tipo de mares y áreas costeras	5
10 Enfoque integrado para la planificación y administración de recursos del suelo	3
12 Manejo de ecosistemas frágiles: Combate a la desertificación y la sequía	4
13 Manejo de ecosistemas frágiles: Desarrollo sustentable en áreas montañosas	3
14 Promoción de la agricultura sustentable y el desarrollo rural	7
11 Combate a la deforestación	4
15 Conservación de la diversidad biológica	2
16 Manejo ambientalmente limpio de la biotecnología	2
9 Protección de la atmósfera	6
21 Manejo ambientalmente limpio de desechos sólidos y aspectos relacionados con aguas servidas	5
19 Manejo ambientalmente limpio de sustancias químicas tóxicas	2
20 Manejo ambientalmente limpio de desechos peligrosos	4
22 Manejo seguro y ambientalmente limpio de desechos radioactivos	1
	Subtotal 55
Aspectos Institucionales	
8 Integración del ambiente y el desarrollo en la toma de decisiones	4
35 Ciencia para el desarrollo sustentable	3
39 Instrumentos y mecanismos legales internacionales	2
40 Información para la adopción de decisiones	3
23-32 Fortalecimiento del papel de los grupos principales	3
	Subtotal 15
	Total 134

Fuente: Indicadores del Desarrollo Sustentable, INEGI (2000).

El caso bajo estudio de la presente investigación, fue el sector educativo de la ciudad de Navojoa, compuesto por una población de 172 escuelas, dato proporcionado por la Secretaría de Educación y Cultura en Navojoa; actualmente los diferentes sectores de la sociedad, han estado trabajando de manera aislada, por lo que se carece de estrategias en conjunto para apoyar el desarrollo sustentable, además los esfuerzos realizados por cada sector, se han enfocado hacia algunas de las dimensiones de dicho concepto.

Por lo anterior, el objetivo de la investigación fue conocer la percepción actual de los factores determinantes del desarrollo sustentable de la ciudad de Navojoa, percibida por el sector educativo, que permita identificar las áreas de oportunidad en cada una de sus dimensiones.

Planteamiento del Problema

La desarticulación social, económica, política, entre otros aspectos donde se presenta esta, parece sufrir un proceso de aceleramiento o crecimiento exponencial, con el consecuente incremento o agudización de la heterogeneidad social y económica del país. La inequidad que esto representa, la diversidad de problemas que, tanto la población urbana y rural enfrentan, así como los desequilibrios regionales, en los aspectos económico, social y ambiental, ya no sólo en el ámbito rural, sino también en ciudades con altas tasas de concentración demográfica, colocan el tema del desarrollo sustentable en el primer plano de importancia y de discusión.

Para Castro (2008), el concepto del desarrollo sustentable ha surgido de la disyuntiva del crecimiento y la conservación, la cual va enfocada a incrementar la riqueza para mejorar la calidad de vida de la sociedad sin destruir la base natural en la que se asienta la actividad humana. Para el caso de México los costos de crecimiento sostenido son enormes como en otros países, pero cada país cuenta con condiciones diferentes, por lo que la problemática y alternativas de solución difieren.

En cuanto a los derechos de las personas, el compromiso de gobiernos y agencias de desarrollo con participación, es un ingrediente necesario del desarrollo sustentable. Actualmente, se ha acumulado todo un conjunto de pruebas que indican que un alto porcentaje de proyectos de desarrollo diseñados y ejecutados sin la plena participación de los beneficiarios seleccionados han fracasado y que, en el sentido contrario, proyectos planificados con la concurrencia de ellos desde el principio en una escala apropiada y utilizando sus aptitudes y recursos, han tenido un alto grado de éxito.

Lo anterior, resalta la necesidad imperativa del establecimiento de un diálogo múltiple y amplio, que provea la articulación de los diversos sectores y actores sociales, comprometidos con el desarrollo sustentable y el mejoramiento del nivel de vida de la mayoría de la población. Tal diálogo debe orientarse a la formación de una nueva plataforma institucional, así como a nuevas expresiones organizativas de la sociedad civil, que sean capaces de superar la crisis institucional por la cual atraviesan los países y, al mismo tiempo, puedan dar respuestas apropiadas y confiables a los procesos de participación y concertación ciudadana.

Por otro lado, el gobierno federal, estatal y municipal han generado iniciativas para trabajar con el desarrollo sustentable a través de sus planes de desarrollo, pero es importante desarrollar un proyecto que promueva a través de métodos participativos, estrategias encaminadas a mejorar el desarrollo sustentable de una ciudad como primer alcance y después que se lleve hacia la región y posteriormente al estado.

Metodología.

El estudio se desarrolló en la ciudad de Navojoa, está ubicada en el sur del estado de Sonora, se localiza en el paralelo 27°03' de latitud norte y a los 109°25' de longitud al oeste del meridiano de Greenwich, a una altura de 33 metros sobre el nivel del mar, posee una superficie de 4,380.69 kilómetros cuadrados, que representan el 2.36 por ciento del total estatal y el 0.22 por ciento del nacional.

Los sujetos de estudio de esta investigación empírica fueron las instituciones educativas, preferentemente el directivo de más alto nivel jerárquico. Los datos fueron obtenidos mediante la selección de una población delimitada de la cual se extrajo una muestra, el muestreo fue de tipo probabilístico, aleatorio y representativo. El tamaño de la muestra fue de 119 aplicaciones. Para el cálculo de la muestra se utilizó la fórmula propuesta por Stevenson para muestras de una población delimitada, usando un nivel de confianza de 95 por ciento y un error muestral de 5 por ciento:

(1)

$$n = \frac{D^2 pqN}{e^2 (N-1) + D^2 pq} \quad (1)$$

Donde:

N = Población
D = Desviación estándar (Nivel de confianza)
e = Error esperado
p = Proporción a favor
q = Proporción en contra n= Tamaño de la muestra Sustituyendo los datos se obtiene:

n = ((2) 2 * 0 . 5 * 0 . 5 * 1 7 2) / (((0 . 0 5) 2 (1 7 2 - 1))) + ((2) 2 * 0 . 5 * 0 . 5))) =119 (2)

El instrumento se adaptó de la propuesta de Wong (2005) el cual está conformado de cuatro dimensiones: Desarrollo Económico Sostenible (DES), Desarrollo Social Equitativo (DSE), Desarrollo Ambiental Sustentable (DAS), Desarrollo Institucional Eficiente y Participativo (DIEP), adicionalmente se agregó una quinta dimensión que es Desarrollo Tecnológico Equitativo (DTE). El instrumento está conformado por 86 reactivos, los cuales están distribuidos de la siguiente forma: 26 reactivos en la dimensión DES, 21 en DSE, 14 en DAS, 19 en DIEP y 6 reactivos en DTE.

En la dimensión DES se incluyen reactivos relacionados con la estructura económica, agentes económicos, innovación, infraestructura, servicios y accesibilidad. En la dimensión DSE se incluyen reactivos relacionados con calidad de vida y recursos humanos, cohesión social, organización e identidad territorial. En la dimensión DAS se contemplan reactivos de medio ambiente y recursos naturales, organizaciones, normatividad y programas de ordenamiento ecológico y territorial. En la dimensión DIEP se incluyen reactivos de eficiencia operativa local, institucionalización y planeación estratégica. Y en la dimensión DTE se consideran reactivos con orientación a infraestructura tecnológica. Lo anterior fue validado por los actores sociales (Anexo 4).

Las dimensiones del instrumento para medir el nivel percibido de desarrollo sustentable son acordes con las dimensiones propuestas en la definición de Lares y López (2004), a excepción de la tecnológica; la dimensión tecnológica se aprecia desde la definición misma de desarrollo sustentable y los dos conceptos adicionales del Informe Brundtland, discutidos por Tetreault (2004); Goñi y Goin (2006); y Ramírez, Sanchez y García (2004). Los 86 reactivos se contestan con una escala tipo Likert, con seis valores posibles de respuestas, representados con los valores de 1 a 6, representando cada valor lo siguiente:

1=nulo/inexistente; 2=muy bajo; 3=bajo; 4=medio/mínimo aceptable; 5=alto y 6=muy alto. La opción a elegir es la que mejor represente o refleje la postura del encuestado en el planteamiento con relación a la ciudad de Navojoa.

En función del número de reactivos y del número de participantes necesarios para realizar una validación del instrumento, se tomó la decisión de validarlo con la muestra determinada para su aplicación, eliminando los reactivos, a posteriori, que no cumplieran con las pruebas de validación estadística empleadas.

Es pertinente señalar que las diversas pruebas de validez y confiabilidad realizadas al instrumento se desarrollaron con base en lo sugerido por Anastasi y Urbina (1999) usando para ello el programa SPSS versión 15.0 para Windows, el cual usa para todas las pruebas un 95 por ciento de nivel de confianza. En primer lugar, se realizó una prueba de validez concurrente a través de grupos contrastados. En segundo lugar se realizó un análisis de confiabilidad de consistencia interna para todos los reactivos en forma general, es decir, sin estar agrupados por cada dimensión. En tercer lugar, se realizó un análisis de confiabilidad de consistencia interna por dimensiones del instrumento.

Una vez realizadas las pruebas de validez y confiabilidad del instrumento y después de eliminar los reactivos 31 y 52, se procedió a identificar los valores medios de cada reactivo y dimensión.

Resultados y Discusión.

En este apartado se presentan los resultados y su discusión en dos partes: la primera relacionada con los resultados derivados de las pruebas de validez y confiabilidad aplicadas al instrumento y en una segunda a los resultados y su discusión derivado de la aplicación del instrumento a la muestra.

Resultados de validez y confiabilidad del instrumento

Es pertinente señalar que respecto al reactivo 31 se tomó la decisión de eliminarse del instrumento debido a que la redacción del mismo presentaba inconsistencias que podrían derivar en interpretación de respuestas opuestas en función de los encuestados, provocando confusión. Como primer resultado se reportan los arrojados por la prueba de validez concurrente a través de grupos contrastados, esta prueba rechaza el reactivo 52 (0.468) dado que no permite discriminar entre los sujetos que contestan con puntajes altos respecto a los que contestan con puntajes bajos, se omiten las tablas correspondientes debido a la extensión del presente documento. El reactivo 52, correspondiente a la dimensión Desarrollo Ambiental Sustentable (DAS) establece lo siguiente: Estado de la contaminación. Al realizar el concentrado de las respuestas del reactivo en mención, se aprecia que la escala de respuesta debe interpretarse de manera inversa al resto de reactivos, por lo que se procedió a concentrar la información registrando en orden inverso los valores de los mismos; quizá en parte esta situación provocó, así como la redacción del reactivo, la presencia de inconsistencia en las respuestas.

En un segundo momento, se realizó el análisis de confiabilidad por consistencia interna para todo el instrumento en general, es decir, sin considerar la separación por dimensiones, para el total de 84 reactivos (recordemos que se eliminaron los reactivos 31 y 52 de un total de 86 que originalmente se presentaron) obteniendo un alfa de Cronbach de 0.977, el cual es altamente aceptable, con respecto al valor de referencia generalmente empleado de 0.800.

En tercer lugar, se realizaron pruebas de confiabilidad por consistencia interna para cada una de las dimensiones que considera el instrumento, mediante la prueba de Alfa de Cronbach, los resultados se muestran en la tabla 1.

Tabla 1. **Estadísticos de fiabilidad por dimensión**

Dimensión	Alfa de Cronbach	Número de elementos
DES	0.914	26
DSE	0.917	20
DAS	0.924	13
DIEP	0.955	19
DTE	0.865	6

Fuente: Elaboración propia, con base en los resultados.

Como se puede apreciar, los valores del alfa de Cronbach para cada una de las cinco dimensiones del instrumento están por encima del valor de referencia de 0.8 por lo que se considera que el instrumento presenta una confiabilidad aceptable.

Resultados derivados de la aplicación del instrumento

De acuerdo con la metodología propuesta por Wong (2005) se analizaron las variables para el desarrollo local en cada categoría, mediante un análisis estratégico. Los resultados se muestran en una gráfica tipo *telaraña*. En primer lugar se presentan los resultados en términos generales por dimensión y categoría del instrumento.

Figura 1. Resultados por dimensión

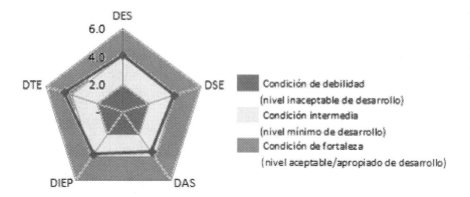

Fuente: Elaboración propia.

<u>Principal debilidad:</u> No presenta ninguna dimensión en condición de debilidad. <u>Principal fortaleza:</u> Desarrollo Tecnológico Equitativo (DTE), Desarrollo Económico Sostenible (DES)

Gráfica 2. Resultados de desarrollo económico sostenible.

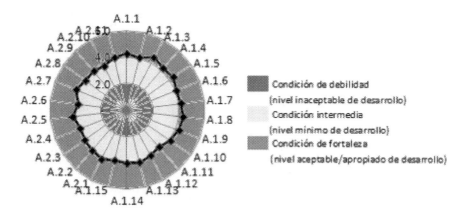

Fuente: Elaboración propia

Descripción de las variables:

A.1.1. Evolución reciente de la economía local.

A.1.2. Acciones de reconversión y diversificación productiva.

A.1.3. Presencia activa de pequeñas y medianas empresas (PyMES).

A.1.4. Existencia de programas de apoyo a las PyMES.

A.1.5. Actitud, cultura emprendedora y proactiva de la comunidad.

A.1.6. Espíritu innovador, creatividad e inventiva de agentes económicos.

A.1.7. Asociatividad y cooperación empresarial.

A.1.8. Difusión y transferencia de nuevas tecnologías.

A.1.9. Condición del ambiente laboral y de negocios.

A.1.10. Aprovechamiento de los recursos locales (humanos, etc.).

A.1.11. Generación de empleos bien remunerados.

A.1.12. Existencia de fuentes de financiamiento accesibles.

A.1.13. Existencia de empresas locales con calidad de exportación.

A.1.14. Ubicación de empresas extranjeras.

A.1.15. Visión económica de largo plazo.

A.2.1. Accesibilidad en el contexto regional.

A.2.2. Infraestructura de comunicaciones y transporte.

A.2.3. Infraestructura y equipamiento industrial.

A.2.4. Infraestructura agropecuaria.

A.2.5. Disponibilidad de espacio físico para actividades económicas.

A.2.6. Existencia de sistemas y centros de información.

A.2.7. Existencia de centros de investigación e instituciones de educación superior.

A.2.8. Existencia de unidades de capacitación para el desarrollo.

A.2.9. Servicios especializados a la producción.

A.2.10. Nivel de atractividad del lugar (inversiones, turismo, etc.).

A.2.11. Imagen desde el exterior.

Principal debilidad: No presenta ninguna variable en condición de debilidad. Principal fortaleza: En esta dimensión de presenta un alto porcentaje de variables en condición de fortaleza.

Figura 3. **Resultados de dimensión desarrollo social equitativo.**

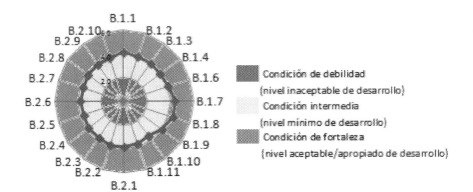

Fuente: Elaboración propia

Descripción de las variables:

B.1.1. Cobertura de equipamiento y servicios públicos.
B.1.2. Calidad de equipamiento y servicios públicos.
B.1.3. Servicio de transporte urbano.
B.1.4. Seguridad pública.
B.1.6. Combate a la pobreza y marginación.
B.1.7. Calidad y oferta educativa.
B.1.8. Disponibilidad de recursos humanos calificados.
B.1.9. Habilidad para retener recursos humanos calificados.
B.1.10. Infraestructura para personas con discapacidad.
B.1.11. Ambiente cultural y recreativo.
B.2.1. Actitud pro-activa hacia el desarrollo.
B.2.2. Arraigo de la cultura e identidad local.
B.2.3. Grado de participación social en el proceso de desarrollo.
B.2.4. Condición de consenso entre actores sociales.
B.2.5. Condición de cooperación entre actores sociales.
B.2.6. Condición de inclusión social (etnias, género, etc.).
B.2.7. Grado de organización de la comunidad.
B.2.8. Existencia de liderazgo local capaz de convocar y movilizar a los actores sociales en torno al proceso de desarrollo.
B.2.9. Respeto e impulso del patrimonio histórico y cultural.
B.2.10. Grado de vinculación entre centros de investigación, universidades, sector productivo y agencias gubernamentales.

<u>Principal debilidad</u>: No presenta variables en condición de debilidad.

<u>Principal fortaleza</u>: Calidad y oferta educativa; disponibilidad de recursos humanos calificados; cobertura de equipamiento y servicios públicos; calidad de equipamiento y servicios públicos y arraigo de la cultura e identidad local.

***Figura 4.* Resultados de la dimensión desarrollo ambiental sustentable.**

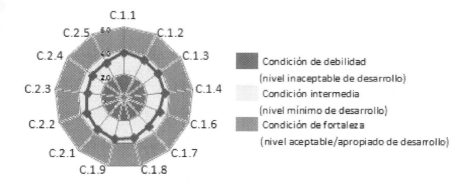

Fuente: Elaboración propia

Descripción de las variables:

C.1.1. Estado del medio ambiente general.
C.1.2. Grado de educación ambiental.
C.1.3. Aprovechamiento y gestión adecuada de recursos naturales.
C.1.4. Existencia de áreas naturales protegidas.
C.1.6. Disponibilidad de agua para el desarrollo de largo plazo.
C.1.7. Cultura y cuidado del agua.
C.1.8. Existencia de áreas verdes en la comunidad.
C.1.9. Inclusión de criterios ambientales a la producción (armonía entre actividades productivas y medio ambiente).
C.2.1. Existencia/contribución de organizaciones sociales en pro del medio ambiente
C.2.2. Existencia de grupos de investigación sobre desarrollo sustentable
C.2.3. Existencia de infraestructura ambiental (plantas de tratamiento de agua; disposición de desechos, etc.)
C.2.4. Aplicación de la normatividad ambiental
C.2.5. Implementación de programas de ordenamiento ecológico-territorial

Todas las variables presentaron un nivel mínimo aceptable de desarrollo.

Figura 5. **Resultados de la dimensión desarrollo institucional eficiente y participativo**

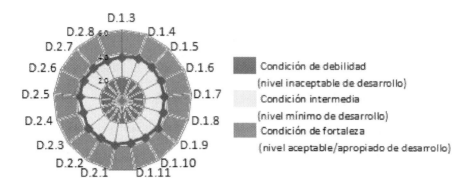

Fuente: Elaboración propia

Descripción de las variables:

D.1.1. Grado de coordinación intra e interinstitucional
D.1.2. Grado de autonomía programática y financiera
D.1.3. Descentralización de la estructura institucional
D.1.4. Calidad en la provisión de servicios públicos
D.1.5. Transparencia y democracia en la toma de decisiones
D.1.6. Seguimiento y evaluación de programas y proyectos
D.1.7. Transparencia en la administración de recursos
D.1.8. Eficiencia en la provisión de servicios públicos
D.1.9. Grado de profesionalización de servidores públicos
D.1.10. Grado de modernización y tecnificación administrativa
D.1.11. Simplificación en la regulación y trámites para el desarrollo (simplificación administrativa)
D.2.1. Existencia de instancias de inclusión y participación social
D.2.2. Proyectos y programas implementados propuestos por la comunidad
D.2.3. Promoción y fomento del desarrollo local
D.2.4. Existencia de instancias para la cooperación público-privada
D.2.5. Conformación de fondos regionales de inversión con la aportación de los diversos agentes económicos y de gobierno

D.2.6. Existencia de un plan estratégico municipal-local con carácter participativo

D.2.7. Existencia de un Grupo de Gestión de Desarrollo Local

D.2.8. Existencia de una Agencia para el Desarrollo Local

Todas las variables presentaron un nivel mínimo aceptable de desarrollo.

***Figura 6.* Resultados de la dimensión desarrollo tecnológico equitativo**

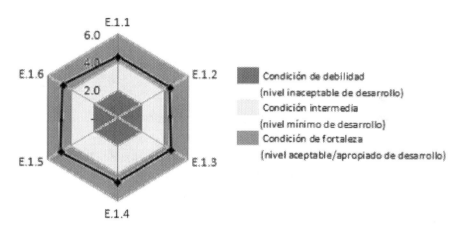

Fuente: Elaboración propia

Descripción de las variables: E.1 Infraestructura tecnológica

E.1.1   Infraestructura tecnológica adecuada

E.1.2   Visión tecnológica de largo plazo

E.1.3   Accesibilidad a la infraestructura tecnológica

E.1.4   Nivel de uso o aprovechamiento tecnológico

E.1.5   Impacto de la infraestructura tecnológica

E.1.6   Incremento en el uso de la infraestructura tecnológica

Todas las variables presentaron un nivel aceptable de desarrollo.

Conclusiones

El desarrollo sustentable, dentro del ámbito de lo local, regional o nacional, debe concebirse como un proceso, dentro de un sistema complejo y cambiante con una perspectiva de largo plazo que requiere esquemas de trabajo, cooperación y participación diferentes a los de antaño, lo anterior es consistente con la opinión de Wong (2005).

El instrumento empleado presenta un grado aceptable de validez y confiabilidad de acuerdo con las pruebas realizadas. El nivel general de percepción de desarrollo sustentable en el sector educativo se ubica en medio/mínimo aceptable tanto en lo general como en las dimensiones Desarrollo Social Equitativo (DSE), Desarrollo Ambiental Sustentable (DAS) y Desarrollo Institucional Eficiente y Participativo (DIEP). Estos resultados son consistentes con las ideas de Lares y López (2004); Urquidi (2000) y Pérez (2008).

La dimensión de Desarrollo Tecnológico Equitativo (DTE) es la dimensión con un valor medio más alto en la percepción de nivel de desarrollo, se ubica en el nivel alto, en condición de fortaleza, al igual que la dimensión de Desarrollo Económico Sustentable (DSE) esto es consistente con Hernández y Garduño (2010). Además son consistentes con el papel de las tecnologías considerado por Tetreault (2004) y Ramírez, Sanchez y García (2004). La Dimensión DAS es la dimensión con el nivel de percepción más bajo, lo que provee mayores áreas de oportunidad del resto, aunque se ubica dentro del mismo rango de mínimo aceptable, su media es menor al resto.

En función de lo anterior, se recomienda continuar con la investigación en otros sectores de la sociedad, tales como el empresarial, gobierno, entre otros para realizar los análisis que permitan contrastar la percepción de esos sectores y establecer comparaciones entre ellos. Realizar futuras investigaciones ampliando el estudio a las áreas rurales del municipio, dado que, como es del conocimiento general, los mayores índices de rezago de desarrollo no están en la ciudad sino en el medio rural y el municipio de Navojoa no es la excepción.

Una vez realizados los estudios del punto anterior, diseñar estrategias que permitan acceder a estadios más elevados de desarrollo en las diferentes dimensiones, para ello el trabajo de investigación y vinculación de la universidad es crucial; además de la necesidad de celebrar una alianza entre los sectores gubernamental, social, empresarial y educativo para impulsar el desarrollo sustentable y su percepción, mediante la implementación de programas y proyectos que incidan en el mismo.

Referencias.

Anastasi, A. y Urbina, S. (1999). *Tests Psicológicos (7ª. Ed)*. México: Prentice Hall.

Castro, U. (2008). *Economía de México y Desarrollo Sustentable*. México: Red Académica Iberoamericana Local – Global.

Escobar, J. (2007). *El Desarrollo Sustentable en México*. En: Revista Digital Universitaria, 1-12.

Gutiérrez, R. (1996, abril). *El desarrollo Sustentable: un Camino a Seguir*. En: Espiral. II, 5. p.p. 197-227.

Hernández, S. y Garduño, A. (2010. abril). *Tecnologías Actuales Aplicadas al Desarrollo Urbano Sustentable*. En: Acta Universitaria. 20, 1. p.p. 25-34.

Jickling, B. (2006, agosto). *Advertencia Sostenida; Desarrollo Sustentable en un Mundo Globalizador*. En: Trayectorias, VIII. p.p. 63-73.

Lares, O. y López, M. A. (2004, diciembre). *Metodología de Diagnóstico para el Desarrollo Sustentable*. En: Revista del Centro de Investigación, Universidad La Salle. p.p. 27-38.

Martínez, R. (2003). *Alternativas para un Desarrollo Sustentable*. InterSedes: En: Revista de las Sedes Regionales, p.p. 11-25.

Pérez, D. C. (2008, abril). *Gerencia PYME, Fortaleza Sustentable para el Desarrollo Endógeno*. En: Multiciencias. p.p. 81-90.

Ramirez, A.; Sánchez, J. y García, A. (2004, diciembre). *El Desarrollo Sustentable: Interpretación y Análisis*. En: Revista del Centro de Investigación. Julio-Diciembre. 55-59.

Rappo, S. E. y Vázquez, R. (2007, abril). *Líneas Estratégicas para Construir una Propuesta de Desarrollo Sustentable en la Región Centro-Oriente de Puebla*. En: Aportes, enero-abril. p.p. 79-99.

Tetreault, D. (2004, abril). *Una Taxonomía de Modelos de Desarrollo Sustentable*. En: Espiral, Enero/ Abril. p.p. 45-80.

Urquidi, V. L. (2000, agosto). *El Desarrollo Sustentable en la Perspectiva Canadá- México*. En: Estudios Demográficos y Urbanos, mayo-agosto. p.p. 409-418.

Wong, P. (2005). *Propuesta Metodológica para el Análisis EstratégicoParticipativo de Desarrollo Local-Regional*. En: CIAD. p.p. 1-36.

CAPÍTULO 5

Globesidad en el Istmo; Prevalencia de Sobrepeso y Obesidad en Maestros del Instituto de Estudios Superiores del Istmo de Tehuantepec.

Globesity on the Isthmus; Prevalence of Overweight and Obesity in Teachers of the Technological Institute of Top Studies from the Tehuantepec Isthmus.

Jesús Eduardo León Tarín
Docente de Ciencias Básicas de ITIstmo.

Resumen

Se determinaron los niveles de sobrepeso y obesidad de los maestros del Instituto de Estudios Superiores del Istmo de Tehuantepec (IESIT). Se buscaron relaciones significativas del Índice de Masa Corporal (IMC) con respecto a variables del medio educativo.

Se encontró el 36% de maestros con sobrepeso; 44% obesos, de los cuales 18% presenta obesidad tipo III. No se encontraron relaciones significativas entre IMC y las demás variables del medio educativo. Aun así, se muestran los efectos de estas sobre el IMC.

Se recomienda implementar, operar y evaluar experimentalmente un plan institucional de activación física para abatir estos alarmantes índices, puesto que contribuyen a reforzar los círculos viciosos (Swinburn, B y Egger, G., 2004) del ambiente obesogénico (King, D. en Llavina, R. N., 2011), por el efecto de red social (Kristakis, N. A. y Fowler, J. H., 2007) en las futuras generaciones de ciudadanos a los que se atienden en el servicio educativo.

Palabras claves: globesidad, sobrepeso, docentes.

Abstract

There decided the levels of excess weight and obesity of the teachers of the Institute of Top Studies of the Isthmus of Tehuantepec (IESIT). There for were looked significant relations of the Index of Corporal Mass (IMC) with regard to variables of the educational way.

One found 36 % of teachers with excess weight; 44 Obese %, of which 18 % has obesity type the III. Significant relations were not between IMC and other variables of the educational way. Nevertheless, there appear the effects of these on the IMC.

It is recommended to help, to operate and to evaluate experimentally an Institutional plan of physical activation to knock down these alarming indexes, since they help to reinforce the vicious circles (Swinburn, B. and Egger, G., 2004) of the ambience obesogénico (King, D. in Llavina, R.

N., 2011), for the effect of social network (Kristakis, N. A. and Fowler, J. H., 2007) in the future generations of citizens those who are attended in the educational service.

Key Words: globesity, overweight, teachers.

Antecedentes

La naturaleza global de la epidemia de obesidad fue formalmente reconocida por la Organización Mundial de la Salud desde 1997 (WHO, 2000), aunque el más dramático incremento que se ha observado es en los países en desarrollo como México, China y Tailandia (Popkin, B. M., 2004). La obesidad pasó de ser un fenómeno propio de clases socioeconómicas altas a clases de bajo nivel socioeconómico (Monteiro, C.A., 2004). Este cambio provocó lo que Caballero, B. A. (2005) y Doak C.M. et al. (2005) han denominado *Carga dual* que consiste en la convivencia en el hogar al mismo tiempo de adultos obesos, sobre todo mujeres, con niños desnutridos o mal alimentados. Extrapolando este concepto, creemos que a nivel escolar se presenta, sobre todo en el Istmo de Tehuantepec este mismo fenómeno en la escuela: maestros obesos conviviendo con alumnos, sobre todo niños, mal alimentados. El relator especial de Naciones Unidas sobre el Derecho a la Alimentación, Olivier de Schutter citado por Vergara, R., (2011), consideró que México debe declararse en situación de emergencia debido a una *epidemia de sobrepeso* y a la persistente *pobreza alimentaria*. El relator de la ONU, De Schutter, explicó que México encara una paradoja, ya que por un lado tiene a 19.5 millones de personas en pobreza alimentaria y por el otro hay una epidemia preocupante de obesidad y sobrepeso. Si los maestros son el modelo a seguir cuando el alumno sea adulto, entonces puede haber un gran problema para las futuras generaciones y para el país. La obesidad de los maestros puede llegar a ser parte natural del ambiente *obesogénico* (King, D. en Llavina, R. N., 2011) del alumno y los lazos y *redes sociales* (Kristakis, N. A. y Fowler, J. H., 2007) que se entretejen en la escuela entre maestros y alumnos, conspiran sin duda contra la salud de los alumnos en las escuelas. Existen muchos estudios sobre obesidad, pero pocos estudios de estimación de la prevalencia de sobrepeso y obesidad en maestros de México.

Establecimiento del problema

Se observa a simple vista en los maestros de la región, una prevalencia exagerada de sobrepeso y obesidad, con las consecuencias que ello implica para personas e instituciones.

Objetivos

Determinar en una muestra de maestros voluntarios de IESIT la prevalencia de sobrepeso y obesidad de los maestros del Istmo de Tehuantepec.

Preparar el estudio regional de sobrepeso y obesidad del magisterio de todo el Istmo de Tehuantepec.

Justificación

México y Estados Unidos son los países que más población obesa tienen en el mundo como lo reporta OCDE (2009) en este gráfico:

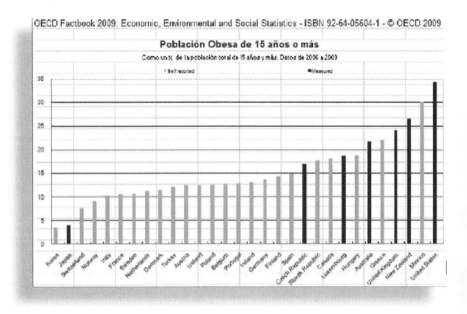

De acuerdo con Arroyo, citado por Braguinsky, J. (2002), más de la mitad de los mexicanos presenta exceso de peso. En 2010 el gasto público para atender esta población fue de 80 mil millones de pesos, monto superior en 18 mil millones al del programa Oportunidades (Cuenca, A., 2010). El IMSS genera cada año cerca de 1000 expedientes por invalidez de trabajadores a causa de complicaciones por obesidad. Todos estos fenómenos tienen su contraparte en la región, pero no contamos con datos, por eso se justifica este estudio inicial de sobrepeso y obesidad en el Istmo que en maestros es grave por el efecto multiplicador sobre los alumnos.

Perspectiva Teórica

La obesidad como enfermedad se define (Gushiken, N. R. y González, B. J., 1995) como una acumulación de grasa en exceso, acompañada de un peso corporal por arriba de los estándares de acuerdo a edad y talla, dando como resultado alteraciones en la salud. La obesidad es uno de los principales factores asociados a muchos padecimientos como propensión a la hipertensión, enfermedad coronaria, de la vesícula biliar, diabetes, artritis, cáncer y apnea obstructiva entre otras. En Estados Unidos más del 80% de muertes atribuibles a obesidad ocurrieron en índices de masa corporal superiores a 30 (Allison, D. et al, 1999). Las mortalidades mínimas ocurren 10% abajo del peso promedio en USA (Manson, J. E. et al, 1987). IMC altos están relacionados con mortalidad alta, enfermedades cardiovasculares y ciertos cánceres, pero la relación aún no es conocida (Berrington de G. A., 2011). El Instituto Nacional de Salud Pública señala que más de 70 millones de mexicanos tienen problemas de sobrepeso y obesidad, con 20% de incidencia de niños de entre 5 y 11 años, 40% en adolescentes y 60% en adultos (Ojanguren, S., 2009). Es un problema de salud pública que está costando actualmente al erario 60 mil millones de pesos, y se pronostica un gasto de 150 mil millones de pesos para 2017, lo cual puede llegar a colapsar las finanzas públicas (González, M., 2011). México tiene una población económicamente activa de 47 millones de personas, de las cuales 32 millones tienen sobrepeso y obesidad (Cuenca, A., 2010). Cada mexicano toma en promedio 160 litros de refresco y las plantas embotelladoras del país comercializan 193 mil millones de pesos al año (Cuenca, A., 2010).

A fin de combatir la epidemia creciente nosotros deberíamos (Peters, J. C. et al., 2002) enfocar nuestros esfuerzos en el suministro del conocimiento, habilidades cognoscitivas e incentivos para controlar el peso de cuerpo y al mismo tiempo comenzar a crear un ambiente en las escuelas, en este caso, para facilitar lo relativo a la merma de peso de la comunidad escolar, empezando con los maestros, que son los que ponen el ejemplo a seguir por los alumnos.

Hill, J. O. et al. (2003) han estimado que un saldo de energía negativo por 100 kilocalorías por día (por una combinación de reducciones de consumo de energía y aumentos de la actividad física) podría prevenir la ganancia de peso en la mayor parte de la población. Este puede ser conseguido por pequeños cambios del comportamiento, como 15 minutos por día de andar o por reducción mínima en la ingesta o unas cuantas mordidas menos en cada comida. Tener un objetivo conductual específico para la prevención de la ganancia de peso puede ser clave enla detención de la epidemia de obesidad que plantea en su estudio.

Por otro lado, Jefrey, R. W. y French, S. A. (1999) encontraron en un estudio con 228 hombres y 998 mujeres a lo largo de tres años, que intervenciones de baja intensidad como educación con revistas mensuales o educación con incentivos por su participación, produjeron sólo resultados temporales, en el largo plazo no hubo diferencias, la gente siguió ganando peso.

Christakis, N.A. y Fowler, J.H. (2008) postularon que la obesidad puede extenderse por lazos y redes sociales, esto es, que puede extenderse de persona a persona como en las redes sociales. La red social y los lazos entre los humanos son aún más poderosos que la genética. El crecimiento de la obesidad, es un problema social, más que biológico y behaviorista. La posibilidad de ser obeso, aumenta 171% entre las personas que tienen amigos obesos en común y el riesgo aumenta un 40% más cuando este es alguien cercano como lo puede ser un padre o un maestro. Aun cuando Cohen-Cole, E y Fletcher, J. M. (2008) hicieron observaciones a los trabajos de Christakis, N. A. y Fowler, J. H., las implicaciones para el trabajo y el contacto de los docentes con sus alumnos no deja de ser inquietante, más aún cuando Trogdon, J. G., Nonnemaker, J y País, J., (2008) señalan que pueden existir multiplicadores sociales para sobrepeso en adolescentes y cuando la obesidad parece ser perpetuada

(Swinburn, B. y Egger, G., 2004) por una serie de círculos viciosos que en combinación con un cada vez más instalado ambiente obesogénico aceleran la ganancia de peso, entre los que se encuentra el bajo status socioeconómico de las personas.

Lucía Rodríguez Guzmán (2006) encontró para maestros de la Universidad de Guanajuato que estos presentaban una prevalencia de 43% de sobrepeso y 21% de obesidad. Y Natalia Vitela (2011) señala citando a CONADE que el 80% de los maestros de educación física, quienes deberían ser el ejemplo en lo concerniente a peso ideal, tienen sobrepeso de 80%, esto es, que 63800 de ellos en México, padecen los mismos males que deberían contribuir a erradicar.

Metodología

Sujetos de estudio

Participaron en este estudio 53 maestros asistentes al curso intersemestral en el IESIT. Un criterio de inclusión fue que aceptaran ser medidos y estudiados, siendo estos solamente 25, con una edad promedio de 32 años. 52% mujeres y 48% hombres.

Procedimiento

La evaluación de los maestros incluyó mediciones antropométricas como peso, talla, circunferencia de la cintura, aplicados al maestro descalzo y con vestimenta ligera, presión arterial sistólica; variables de tipo académico como antigüedad, materias impartidas, nivel en que trabaja, grado de estudios; variables de tipo comportamental como horas que pasa mirando la televisión por día y en el fin de semana. Para identificar el nivel de sobrepeso y obesidad, se determinó el índice de Quetelet o índice de Masa Corporal IMC (Garrow y Webster, 1985 en Gushiken, N. R. y González, B. J., 1995) definido como: $IMC = \frac{Peso\ actual\ en\ Kg.}{(Talla\ en\ M.)^2}$ la WHO (2000) propone 25≤IMC≤30 como sobrepeso; IMC≥ 30 como obesidad.

Con grados I, II y III subiendo de 5 en 5 después de 30. Se exploraron todas las relaciones posibles entre las variables antropométricas, académicas y comportamentales.

Resultados encontrados

Como se observa en la siguiente figura, la media de IMC de los maestros de IESIT se encuentra muy cerca del límite de IMC arriba del cual se considera a la población obesa.

Como se observa en la figura 1, la media de IMC de los maestros de IESIT se encuentra muy cerca del límite de IMC arriba del cual se considera a la población Obesa.

Figura 1. **Índice de masa corporal de los maestros de IESIT.**

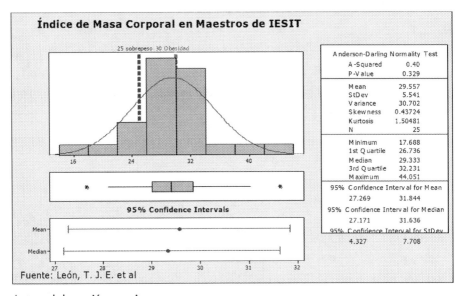

Autor: elaboración propia.

Figura 2. Índice de masa corporal de los maestros de IESIT

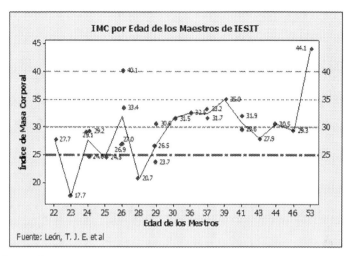

Autor: elaboración propia.

En la figura 3 podemos observar cómo se distribuye la población entre las bandas de sobrepeso 25≤IMC≤30.

Figura 3. Distribución de la población de maestros en los rangos de sobrepeso.

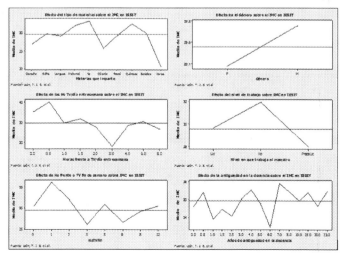

Autor: elaboración propia.

Como puede observarse, un 36% de los docentes se encuentra en ese status. Un 44% de maestros obesos con IMC≥ 30; y de estos un 18% con obesidad nivel III, o sea IMC≥40.

No se encontraron relaciones significativas entre el IMC y las variables consideradas, sin embargo, los efectos se muestran para tener una idea de su comportamiento.

Conclusiones

1. El sobrepeso y obesidad de los maestros de IESIT es muy alto, sobre todo considerando que se incluyen los maestros de educación física.

2. Las co-morbilidades concomitantes al sobrepeso no son muy evidentes en esta población porque el promedio de edad es de 32 años.

3. Si los postulados de la teoría de redes en la obesidad son ciertos, existe un componente de responsabilidad muy alto sobre los maestros en la educación de las futuras generaciones.

4. Los maestros estamos acelerando con nuestra propia presencia la ganancia de peso de los alumnos, por más buenas intenciones o por más discursos que en sentido contrario les ofrezcamos a ellos.

5. Conviene diseñar un plan institucional de activación física para los maestros.

6. Este estudio se debe replantear para todo el Istmo de Tehuantepec, puesto que de 20 000 muertes en 2008 (INEGI, 2011), la principal causa fue la Diabetes en la que la obesidad juega un papel preponderante (Gushiken y González, 1995).

Referencias

Allison, D., Fontaine, K.R., Manson, J. E., Stevens, J. y VanItallie, T.B. (1999). Annual Deaths Attributable to Obesity in the United States. Journal of the American Medical Asociation. Consultado en Julio, 7, 2011 en http://jama.ama-assn.org/content/282/16/1530.abstract

Berrington de Gonzalez A, Hartge P, Cerhan JR, Flint AJ, Hannan L, MacInnis RJ, Moore SC, Tobias GS, Anton-Culver H, Freeman LB, Beeson WL, Clipp SL, English DR, Folsom AR, Freedman DM, Giles G, Hakansson N, Henderson KD, Hoffman-Bolton J, Hoppin JA, Koenig KL, Lee IM, Linet MS, Park Y, Pocobelli G,

Schatzkin A, Sesso HD, Weiderpass E, Willcox BJ, Wolk A, Zeleniuch-Jacquotte A, Willett WC, Thun MJ. (2010). Body-mass index and mortality among 1.46 million white adults. N Engl Journal Med.. Consultado en Julio 25, 2011 en http://www.ncbi.nlm.nih.gov/pubmed/21121834

Braguinsky, J. (2002). Prevalencia de Obesidad en América Latina. ANALES Sis San Navarra. Consultado en Agosto, 2, 2011 en: http://www.cfnavarra.es/salud/anales/textos/vol25/sup1/pdf/25s110.pdf

Caballero, B.A. Nutrition paradox: Underweight and obesity in developing countries. N Engl J Med 2005; 352: 1514-16. Consultado en l{inea el 9 de Julio desde: http://www.ncbi.nlm.nih.gov/pubmed/15829531

Cohen-Cole E, Fletcher JM. (2008). Is obesity contagious? Social networks vs. environmental factors in the obesity epidemic. J Health Econ. Consultado en Julio, 26, 2011 en http://www.ncbi.nlm.nih.gov/pubmed/18571258

Cuenca, A. (2010, 06, 13). Malnutrición cuesta 250 mdp anuales. El Universal, pp. A1-A10.

Doak, C. M., Adair, L.S., Bentley, M. et al. The dual burden household and the nutrition transition paradox. Int J Obes Relat Met Disord 2005; 29:129-36. Consultado en linea el 9 de Julio desde: http://www.ncbi.nlm.nih.gov/pubmed15505634

González, M. (2011, Marzo, 14.). Alarma sanitaria por sobrepeso y obesidad; Para el 2017 se podrían colapsar las finanzas públicas por enfermedades colaterales. El Sol de Cuernavaca, pp. 1.

Gushiken, N.R., González, B. J. (1995). Importancia de la valoración del paciente con obesidad. Rev Endocrinol Nutr. Consultado en Julio, 29, 2011 en http://www.imbiomed.com.mx/1/1/articulos.php?method=showDetail&id_revista=23&id_seccion=992&id_ejemplar=2756&id_articulo=26613

Christakis N.A, Fowler J.H., (2007). The spread of obesity in a large social network over 32 years. N Engl J Med. Consultado en Julio, 30, 2011 en http://www.ncbi.nlm.nih.gov/sites/entrez?db=pub med&cmd=Search&doptcmdl=Citation&defaultField=Title%20 Word&term=Christakis%5Bauthor%5D%20AND%20The%20spread%20 of%20obesity%20in%20a%20large%20social%20network%20 over%2032%20years

Hill JO, Wyatt HR, Reed GW, Peters JC (2003). Obesity and theenvironment: where do wegofromhere?.Science. Consultado en Agosto, 4, 2003 en http://www.ncbi.nlm.nih.gov/pubmed/12574618

INEGI (2011). Natalidad y Mortalidad en Oaxaca. Consultado en Agosto, 6, 2011 en http://cuentame.inegi.org.mx/monografias/informacion/oax/ poblacion/dinamica.aspx?tema=me&e=20

Jeffery, R. W. y French, S. A. (1999). Preventingweightgain in adults: thepound of preventionstudy.. Am J PublicHealth. Consultado en Agosto, 4, 2011 en http://www.ncbi.nlm.nih.gov/pmc/articles/PMC1508711/.

Llavina, R. N. (2011). El nuevo concepto de 'obesidad pasiva'. Erosky Consumer. Consultado en Julio, 28, 2011 en http://www. consumer.es/web/es/alimentacion/aprender_a_comer_bien/ enfermedad/2007/11/06/171465.php

Manson JE, Stampfer MJ, Hennekens CH, Willett WC (1987). Body weight and longevity. A reassessment.. Journal of the American Medical Asociation. Consultado en junio, 28, 2011 en http://www.ncbi.nlm.nih.gov/sites/entre z?db=pubmed&cmd=Search&doptcmdl=Citation&defaultField=Title%20 Word&term=Manson%5Bauthor%5D%20AND%20Body%20weight%20 and%20longevity%3A%20A%20reassessment

Monteiro, C.A., Conde W.L. y Ppkin B.M. The burden of disease from undernutrition and overnutrition in countries undergoing rapid nutrition transition: a view of Brazil. Am J Public Health 2004; 94: 433-4 consultado en línea el 9 de Julio desde: http://www.ncbi.nlm.nih.gov/ pubmed/14998807

OECD (2009). OECD Factbook 2009: Economic, Environmental and Social Statistics. Consultado en Agosto, 2, 2011 en http://titania.sourceoecd. org/pdf/factbook2009/302009011e-11-01-04.pdf

Ojanguren, S. (2009, Julio, 17). Desnutrición y Obesodad: Malas compañias.. Zócalo Saltillo, pp. 2.

Peters JC, Wyatt HR, Donahoo WT, Hill JO. (2002). Frominstincttointellect: thechallenge of maintaininghealthyweight in themodernworld. Obes

Rev. Consultado en Agosto, 3, 2002 en http://www.ncbi.nlm.nih.gov/pubmed/12120422

Popkin B.M: The nutrition transition: an overview of world patterns of change. Nutr Rev 2004; 62: S140-3. Consultado en línea el 9 de Julio desde: http://www.ncbi.nlm.nih.gov/pubmed/15543214

Rodríguez, G. L., Díaz, C. F. J., Rodríguéz, G. E. (2008). Sobrepeso y obesidad en profesores. Anales de la Facultad de Medicina. Consultado en Julio, 18, 2011 en http://redalyc.uaemex.mx/redalyc/src/inicio/ArtPdfRed.jsp?iCve=37967305

Swinburn, B. Egger, G. (2004). The runaway weight gain train: too many accelerators, not enough brakes. BMJ. Consultado en Agosto, 2, 2011 en http://www.ncbi.nlm.nih.gov/pmc/articles/PMC518905/

Trogdon JG, Nonnemaker J, Pais J. (2008). Peer effects in adolescent overweight.. J Health Econ. Consultado en Agosto, 3, 2011 en http://www.ncbi.nlm.nih.gov/pubmed/18565605

Vitela, N. (2011, Febrero, 27). Un problema de peso. Reforma, pp. Nacional 20

Vergara, R. (2011). Encara México "epidemia de sobrepeso", opina relator de la ONU. Semanario Proceso. Consultado en Agosto, 2, 2011 en http://www.proceso.com.mx/?p=273375

World Health Organization. Obesity: Preventing and managing the global epidemic. Report WHO Consultation. Géneva, Switzerland: World Health Organization, 2000. (WHO Technical report series 894). Consultado en línea el 19 Julio 2011 desde: http://whqlibdoc.who.int/trs/WHO_TRS_894.pdf